칼럼쟁이 박정훈의

불평등 코리아

칼럼쟁이 박정훈의

불평등 코리아

박정훈 지음

서현사

출판을 하며 | 욕망을 욕망하는 존재들에게

나는 비판자이고 싶다.

비난이 아니라 비판으로 시대를 말하고 싶다.

나의 비판은 논리적이고 품격이 있어야 한다.

나는 때로는 강자의 약탈적 행위를 비판할 것이고, 때로는 약자의 무지함을 비판할 것이다.

현대사회의 인간은 지극히 개인주의적 성향으로 살아가고 있다.

또한 인간은 지극히 공동체적 삶을 살아가고 있다.

결국 인간은 사회 구성원들 속에서 홀로 힘겹게 살아가고 있는 것이다.

나는 현대사회에서 인간 삶의 방식과 시대가 정해준 기준이 올바르다 믿지 않는다.

우리는 우리가 편리하기 위해 만든 자본이라는 시스템의 노예가 되었고, 이제는 과학기술의 결정체라 할 수 있는 인공지능(AI)의 위협 속에서 살아간다.

인간의 문명은 발전하는 만큼 파괴적이었고, 그 피해는 인간 스스로에게 돌아왔다.
학습을 통해 공부만 잘하는 괴물이 되어버린 지도층은 그들의 이익을 위해 도덕과 윤리를 서슴없이 져버린다.
힘없고 기회를 보장받지 못한 다수의 약자들은 그런 지도층을 원망하고 비난하지만, 사실 그들도 똑같은 존재일 뿐이다.
그것은 결국 인간은 욕망을 욕망하는 존재이기 때문이다.
나는 끝없는 인간의 욕망을 비판하고 견제하는 시대의 중간자, 그리고 비판자로 살고 싶다.
그것이 내가 칼럼쟁이가 된 이유이자 목표다.
욕망을 욕망하는 존재들에게 욕망이 아닌 도덕적 기준과 윤리적 기준을 제시하고 그들이 좀 더 건강하고 밝은 사회를 만들 수 있도록 지켜볼 것이다.
그리고 나는 소망한다, 나의 아들이 조금 더 좋은 세상을 살 수 있기를 ….

'나는 칼럼쟁이 박정훈이다'

contents

contents

Part_ 2

욕망 코리아_ 77

contents

Part_ 3

희망코리아_ 131

contents

Part_ 4

나이 듦에 대하여_ 173

Part_1

불평등 코리아

인간의 존엄과 평등을 말하다
–나이는 레테르일 뿐이다

1989년 11월 20일 제44회 유엔총회에서는 '아이들의 권리협약(유엔CRC)'을 만장일치로 채택했다. '여성에 대한 모든 형태의 차별 철폐에 관한 협약'이 1979년 12월 제34회 유엔총회에서 채택된 이후, 꼭 10년 만에 '아이들의 권리'를 규정하는 협약이 생긴 것이다. 여성의 권리협약보다 10년이나 늦게 아이들의 권리협약이 생겼지만, 사실 이것은 잘 지켜지지 않는다.

그 이유는 크게 두 가지다.

첫째, 우리 대부분이 준비 없이 부모가 되기 때문이다.

사실 아이를 가지기 전에 부모 교육을 받는 사람은 거의 없다. 그리고 예전과 달리 현대사회는 양육에 대한 정보가 많은 것 같지만 부족하다. 그것은 농번기 시대에는 공동 육아의 개념이 있었지만, 현대는 각각의 부모가 육아를 전담하고 있기 때문이다.

둘째, 인간의 존엄성과 관련 있다.

사실 우리는 양성평등에는 민감하게 반응을 하고 있지만, 나이에 대한 평등은 이야기하지 않는다. 이는 그동안 여성이 받아온 차별에 대한 피해심리와 보상심리가 더해져서 만들어진 것이다. 그래서 그것보다 더 중요한 인간의 존엄성은 뒷전이 되어버린 것이다.

이미 우리 사회에는 '효'와 '예의'라고 포장된 나이에 대한 불평등은 익숙한 모습으로 존재한다. 사실 나이는 레테르(구분 명칭)에 불과하다. 이것은 인간이 편리를 위해서 서로를 구분하는 시스템에 불과한데 우리는 이미 시스템의 노예가 되어버렸다.

그리고 비단 나이뿐만 아니라 우리는 자본이라는 시스템의 노예가 되어 살아가고 있다. 우리가 양성평등을 이야기하기 전 인간의 존엄성을 이야기한다면 지금의 시대를 떠들썩하게 하는 아동학대 사건과 남녀의 차별은 자연스레 해결되지 않을까 한다. 인간이 편리하고자 만든 시스템의 노예로 살아가는 현대인들에게 스스로의 존엄을 찾기를 권하고 싶다.

(〈경남신문〉 2016. 4.)

나는 이상주의자이다

–원칙이 통하는 사회를 꿈꾼다

최근 몇몇 지인들이 나를 이상주의자라 말했다. 아마도 맞는 말인 것 같다.

나는 단순히 원칙을 고집하고 타협하지 않으려는 경향이 강하다. 그것이 어쩌면 현실의 효율성과는 괴리가 있을 것이다.

효율적인 경제활동과 성과를 위해서라면 원칙을 어기는 것이 너무 당연시되는 사회 그것이 지금의 우리 사회의 모습이다.

모두가 정의와 평등을 외치지만, 막상 본인들은 결코 그러한 선택을 하지 않는 사회.

전문가의 조언이 가슴에 와닿지 않는다고 쉽게 말하는 사회.

사실 전문가는 아주 교과서적인 보편타당한 말을 한다. 그런 보편타당한 일이 불편해진 우리 사회의 문제는 결국 힘의 논리만이 작용하는 약육강식의 세계가 되어가는 것이다.

어쩌면 우리는 타인에게 원칙과 규정을 말하며, 정작 자신은 그것을 지키지 않는 사회에서 살아가는 것은 아닐까라는 생각이 든다.

권리는 방종이 되어서는 안 된다. 그것은 함께 세상을 살아가는 타인에 대한 최소한의 예의다.

나는 꿈꾼다.

원칙이 통하고 규정을 지키며 기회가 균등한 사회를 ….

그러하기에 나라도 원칙과 규정을 지키려 노력하는 것이다.

이 시대의 이상주의자가 되어서 말이다.

(2017. 2. 16.)

남혐, 여혐을 말하다
-그들도 피해자일 뿐

얼마 전 페이스북에서 여성혐오(여혐)와 남성혐오(남혐)에 대한 이야기를 보았다.

두 부류의 공통점은 서로를 향한 극단적 비난과 인격을 모독하는 행동을 서슴지 않는다는 것과 그들의 행동을 합리화시키고 있다는 것이다. 그리고 차이점은 여혐은 외모나 여성성에 대한 모욕이나 비난이 많았고, 남혐은 능력이나 인격 등에 대한 비난이 많았단 점이다. 물론 내가 보고 경험한 것이 전부는 아닐 것이다. 나는 단지 대다수의 사람들처럼 내 지식과 경험을 토대로 생각하고 판단할 뿐이다.

그들은 차별에 대한 보상심리를, 불확실성에 대한 심리적 불안을 원인으로 서로를 공격하는 것은 아닐까 생각한다. 여성은 오랜 동안 사회적 약자로 차별받으면서 보상심리가 생긴 것이고, 남성은 배움의 기회가 많아진 여성이 사회진출을 통해 성장함으로써 자신들의 권리나 자리를 빼앗긴다는 생각에 불안해하는 것이다.

얼마 전 나는 '양성평등은 틀린 것이다'라는 주장을 했다. 그것은 우리가 평등한 것은 남성이라서 여성이라서가 아니라 우리는 인간이기에 그에 맞는 존엄성을 가진 존재이기 때문이다. 인간의 존엄성, 나는 그 무엇보다도 인간생명에 대한 존중이 먼저 되어야 한다고 생각한다. 여성의 권리를 주장하고 남성의 권리를 주장하기 전에 인간의 권리를 주장한다면 지금 우리 사회에 만연한 성차별과 혐오현상은 자연스럽게 사라질 것이다.

한쪽이 다른 한쪽을 공격하고 비난할 때 다른 한쪽은 그들의 이익을 위해서 집결하고 뭉치는 것은 어쩌면 당연한 일이다. 이것은 결국 우리 사회의 갈등과 분열만을 조장하는 것이지 스스로의 권리를 찾는 일에는 결코 도움이 되지 않는다.

그리고 우리는 나이에 대한 평등은 말하지 않는다. 여성과 남성의 권리 싸움 중에 아이의 권리는 사라지는 것이다. 여성이 존중되고 남성이 존중되길 바라면서 정작 여성의 미래, 남성의 미래인 아이의 권리를 말하지 않는 우리의 모순적인 모습을 보이고 있는 것이다.

끝으로 혐오주의자들에게 이런 말을 하고 싶다. 나는 심리학자로서 당신들의 아픔을 공감하고 충분히 수용할 수 있다. 하지만 대다수의 사람은 당신들을 '이상하다'고 생각할 것이다. 이제는 마음을 열고 전문가와 상담을 받기를 권한다.

(2017. 2. 8.)

편견과 고정관념

-편견은 차별의 시작이다

편견은 어떤 집단이나 그 구성원 대한 비합리적 평가를 말한다. 미국 사회에서 흑인에 대한 편견이나 전 세계적인 문제인 여성에 대한 편견이 대표적이다.

편견은 객관적 사실보다 누가 어떤 집단에 소속되어 있는가를 근거하여 발생하기에 때로는 근거 없는 폐해를 만들기도 한다. 편견을 지니면 개인의 판단, 귀인(어떤 행동을 보고나서 많은 가능한 행위원인들 가운데 어느 원인을 그 행동에 귀속시켜야 할지를 추론하고 결정하는 과정) 및 행동 전반에 영향을 미친다. 예를 들면 인종편견을 가진 백인이 흑인의 빈민화를 그들의 게으름, 의지부족 때문이라 귀인하며 그들을 배척한다.

흑인이나 여성에 대한 편견은 꾸준해서 감소해왔다. 하지만 사람들은 일반적인 차별 금지는 동의하지만 구체적인 행동실천에는 비협조적인 행태를 보이는 등 아직까지는 편견이 존재하는 것이다. 우리의 경우 무엇보다도 지역에 대한 편견이 가장 심각한 문제라고 할 수 있다.

편견과 유사한 개념인 고정관념은 어떤 집단이나 구성원의 특징에 관한 신념이라는 점에서 평가적 감정인 편견과는 구분된다. 쉽게 말해 모든 여성은 결혼 후 회사를 그만둔다는 것은 고정관념이고, 그래서 여성을 채용하면 안 된다는 것은 편견인 것이다.

이런 편견과 차별을 해소하기 위해서는 몇 가지 방법이 있다.

- 자주 접촉하고 지속적인 친밀관계를 유지한다.
- 공동의 위협에 대처하거나 공동 목표를 달성하기 위해서 협동적으로 상호의존한다.
- 동등한 지위로서 접촉해야 한다.
- 사회적 규범이 평등을 지지해야 한다.

나는 편견을 자신의 불안이 만든 상대에 대한 공격성이라고 생각한다.

우리는 차별을 이야기하고 평등을 말하지만, 차별의 배경이 되는 편견과 고정관념에 대해서는 말하지 않는다. 그러하기에 편견과 고정관념에 대해서 정확히 이해하고 평등과 차별금지를 말해야 할 필요가 있다.

나는 바란다. 지금 초등학생 아들이 살아가야 할 세상은 지금보다 평등하고 차별이 없는 세상이길 말이다.

(2017. 3. 8.)

※ 한덕웅 외, 《인간의 마음과 행동》(2001) 참조.

사진_ 조재성

양성평등은 틀린 말이다

양성평등이라는 개념은 잘못된 것이다. 남성이라서, 여성이라서가 아니라 우리가 평등해야 되는 이유는 존엄성을 가진 인간이기 때문이다. 우리 사회에는 수많은 레테르(구분 명칭)가 존재하고 우리는 그것을 편리함을 위해 만든 것이다. 성별, 나이, 지위, 출신 같은 레테르는 그저 우리의 편리를 위해 구분하는 방법이지, 그것으로 비논리적 차별을 한다면 분명 잘못된 것이다.

21세기 대한민국 여성의 복장과 화장을 강제하는 직장이 존재한다는 것 자체가 우리 사회가 얼마나 인간평등에 무관심한지를 보여주는 예가 될 것이다. 오늘 아침 뉴스를 통해 접한 이 소식은 나에게는 적잖은 충격이었다. 우리가 타인을 존중하고 배려할 때 비로소 나 또한 타인에게 존중받고 배려받을

수 있는 것이다.

끝으로 우리는 성별에 대한 평등은 이야기하지만 나이에 대한 평등은 말하지 않는다. 이미 우리 사회에는 '효'와 '예의'라는 나이에 대한 불평등은 익숙한 모습으로 오랜 동안 존재했다. 인간은 생명을 가진 그 순간부터 인간으로서의 존엄을 가진다는 것을 명심하기를 바란다.

(2017. 1. 30.)

성공의 척도와 행복의 가치
–자본으로 평가되는 사회

사랑의 관계를 생각하면 우리는 이성과 관계를 생각하기 쉬운데, 실제로는 인간관계의 출발은 자기애(自己愛)에서 출발한다. 에리히 프롬(Erich Fromm))은 자신에 대한 긍정적인 감정이 만족스러운 인간관계의 출발이 된다고 했다. 즉, 정상적인 인간관계란 자신에 대한 긍정적이고 안정적인 관계가 형성된 상태에서 타인과 관계를 맺는 것이다.

물론 지나친 자기애는 오히려 타인과 관계를 망치게 한다. 지나치게 자기애가 강한 사람은 타인을 수단으로 사용하는 경향이 있기 때문이다. 좀 더 쉽게 이야기한다면 자기 자신을 사랑하지 않는 사람은 타인을 사랑할 수 없단 말이다.

최근 우리 주변에서는 골드미스, 골드미스터라는 말을 쉽게 접할 수 있다. 원래 이 단어의 의미는 좋은 대학을 졸업하고 좋은 직업을 가진 고소득 미혼남녀들에게 사용된 단어였지만, 지금은 결혼하지 않은 나이 많은 미혼남녀를 가리키는 단어로 변해 가고 있다. 그들은 왜 결혼하지 않는 것일까? 비싼 집값, 출산과 양육비용, 유리천장, 맞벌이로 말미암은 양육의 불편함 등 여러 이유가 있을 것이지만, 나는 두 가지 원인을 이야기하고 싶다.

첫째, 자발적 미혼은 결혼을 통한 일상적인 행복보다는 혼자 삶을 선택함으로써 개인의 자기만족을 추구하는 것이다.

둘째, 타의에 의한 미혼은 자본 논리가 작용한 것이다. 경제적 이유로 가족이 주는 행복을 느낄 기회를 스스로 포기한 것이다. 성공의 척도와 행복의 가치가 자본으로 변질해 가는 이 시대를 그대로 보여주는 현상이다.

인간이 사회생활을 하는 기본적 이유는 인간은 사회 속에서 심리적 안정과 행복을 찾기 때문이다. 하지만 지금 우리의 모습은 사회 속에서 사회를 파괴해 나가고 있는 것이다. 물론 개인의 문제만은 아니다. 이것들은 국가의 정책이 뒷받침된다면 어쩌면 자연스럽게 해소될 수 있을 것이다. 하지만 우리가 가지는 성공과 행복의 가치 척도를 자본이 아닌 다른 무엇인가로 대체하지 않는다면 결코 쉬워 보이지만은 않는다. 결국 성공과 행복의 가치가 개개인의 가치관에 따라 결정될 수 있는 사회 환경이 조성되어야 한다.

(〈경남도민일보〉 2017. 2. 24.)

사진_ 조재성

믿을 수 없는 인간의 기억

-기억은 왜곡되고 불완전하다

인간의 기억에 대한 관점은 계속해서 변해왔다.

첫번째는 그리스시대부터 1960년대까지 지속된 밀랍(wax) 비유다. 이는 인간의 기억은 밀랍 같은 것에 낙인을 찍는 것처럼 어떠한 흔적을 남기는 것이라 생각했다.

두번째는 1960년대 이후 발생한 관점으로 바로 저장고(저장장치) 비유다. 이것은 기억을 컴퓨터에 비유하여 기억해야 할 것들을 복사해서 저장고에 저장해두고 필요할 때 꺼내 사용한다고 생각한 것이다.

그리고 세번째는 기억을 구성으로 보는 관점이다. 이것은 인간의 마음은 능동적인 것이어서 단순히 자극을 복사해서 저장하는 것이 아니라 저장할 때 기억하는 사람의 지식 등이 원래에 자극에 더해져 구성된 것을 저장한다는 관점이다.

최근의 기억에 대한 정설적 관점은 두번째의 저장고와 세번째의 구성을 합친 정보처리체계로 보는 것이다. 이는 환경 자극에 대하여 인간이 어떠한 정보처리적 조작을 가하였는가에 따라서 그 자극정보에 대한 기억이 달라진다고 보는 것이다.

문제는 인간은 똑같은 것을 보고 경험해도 다르게 기억한다는 것이다. 그것은 기억하는 사람의 배움의 정도와 지식수준, 경험의 정도에 따라 달라진다는 것이다. 그리고 인간은 자신이 의도하는 대로 기억하는 기억 왜곡을 가지고 있다. 이 모든 것들을 고려해볼 때 우리의 기억은 결코 완벽할 수 없다는 것이다.

이것은 나와 다름이 틀림이 아니라는 주장이다. 나와 다른 것이 틀림이 아님을 인정할 때 우리는 더욱 건강한 관계를 만들 수 있을 것이다.

(2017. 3. 9.)

※ 한덕웅 외, 《인간의 마음과 행동》(2001) 참조.

사진_ 문상훈

심리검사 한번에 '이런 사람' 하면 안 돼
—성격이나 부족함 등을 이해하는 기회로 삼아야 한다

심리검사란 인간의 다양한 심리적 특성을 이해할 목적으로 특별히 고안된 도구를 사용하여 지능, 성격, 정서, 적성, 태도 등을 양적 또는 질적으로 측정하고 평가하는 일련의 절차를 말한다. 심리검사를 통해 우리는 사람마다 개인차를 파악할 수 있으며 또한 심리적인 과정 자체에 대한 이론적인 통찰을 얻을 수 있다. 즉, 심리검사는 개인에 대한 진단과 평가의 도구가 되면서 동시에 학문적 연구의 도구가 된다.

심리검사의 종류는 직무적성검사(SSAT, DSAT 등), 지능검사(K-WAIS-IV), 성격검사(MMPI, MBTI) 등이 대표적이다. 이렇게 다양한 검사들은 우리 일상생활 속에서 흔히 사용되고 있다. 모든 것이 그러하듯이 검사의 이면에는 분명히 문제도 존재한다.

전문가 아닌 비전문가의 검사와 과학적으로 검증되지 않은 도구의 사용, 그리고 비전문가의 해석은 우리 아이들을 낙인 찍는 효과를 일으키곤 한다. 우리는 그것을 '낙인효과'라고 한다. 사실 심리검사는 검사자의 전문성과 주변 환경의 영향을 받는다. 그리고 수검자의 검사 경험 여부, 최근 컨디션, 검사장의 환경 등이 종합적으로 영향을 미친다. 이러한 사정은 고려치 않고 단 한 번의 검사로 '너는 이런 아이야'라고 하는 사람들이 있다. 사실 이런 행동은 매우 위험하다.

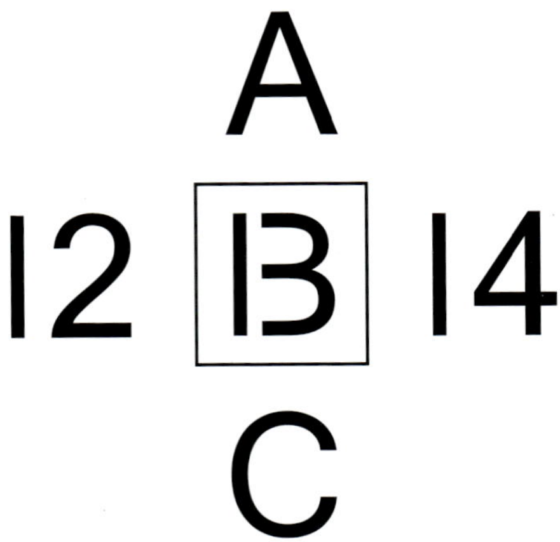

아이는 자라면서 얼마든지 변하고 그 변화의 크기는 우리가 상상할 수 없을 정도다. 물론 성인도 아이만큼은 아니지만 변화를 경험하고 성장한다. 그러기에 단 한 번의 검사로 '너는 이런 사람이야'라고 말하는 것은 매우 위험한 일이다. 자칫 잘못한다면 검사결과의 틀 속에 그 사람을 가두어두기에 말이다. 그러므로 심리검사는 현재 상태의 파악과 자신의 부족한 부분을 알아가고 그것을 보완하는 계기로 삼아야 하지, 그것에 지나치게 의존해서는 안 된다는 말을 하고 싶다.

끝으로 너무 일찍 심리검사를 하는 것도 좋지 않다. 한국 나이로 초등학교 4학년 이상 아이부터 심리검사를 하는 것이 좋다. 그 이전에는 검사항목의 문장을 이해하기에는 아직 아이가 어리기 때문이다.

(〈경남도민일보〉 2017. 2. 21.)

인간은 누구나 외로운 등대지기다

–나와 다름에 대한 존중

인간은 누구나 삶이라는 바다의 외로운 등대지기다.

인간은 누구나 자신만의 신념과 생각으로 세상이라는 바다를 살아간다.

각자의 신념이 다르듯 사람의 수만큼 그 생각도 다르다.

우리는 문화, 예술, 교육에 의해 비슷한 사고를 하도록 학습하는 것일 뿐 결코 같을 수는 없다.

그것은 신이 인간에게 준 선물인 동시에 벌인 것이다.

다양하기에 창조적이고 새로울 수 있지만, 다르기에 분쟁하고 분노하는 것이다.

이렇듯 인간의 삶은 저 넓은 바다처럼 다양한 변수가 있으며 그 변수의 순간과 선택은 각자의 몫이며 그 결과 또한 각자

의 책임이다.

나와 같지 않다는 것이, 나와 다르단 것이 결코 틀림이 아님을 우리는 인정하기가 힘들다.

그대, 사람의 수만큼 다양한 삶과 생각이 존재하는 것인데 어찌 나와 똑같길 바라며, 그대의 삶이 존중받고 싶다면 어째서 타인의 삶을 존중하지 않는가?

타인의 삶과 생각이 나와 다르다 하여 틀림이 아님을 깨달은 순간 우리는 등대지기의 본연의 모습인 바다(삶)의 길잡이가 되는 것이고, 내 삶과 타인의 삶의 보호자가 되는 것이다.

(2017. 2. 13.)

신용등급의 올바른 이해

신용등급이란 국가로부터 권한을 허가받은 신용평가기관이 개인이나 법인, 또는 증권이나 권리증서 등에 부여하는 신용을 평가한 등급을 말한다. 신용등급은 모두 10단계로 구성되어 있고 1등급이 가장 우량한 등급이고 10등급이 가장 불량한 등급이다(국가도 신용평가 대상이 된다).

신용등급은 과거의 신용거래 경험과 현재의 신용거래 상태에 따라 신용평가사들이 자체적으로 개발한 신용평가시스템(CSS)에 의해 부여되고, 현재 우리나라에서는 크게 3곳(NICE, KIS, KCB) 정도가 대표적이다. 또한 신용등급은 통계적 기법을 사용해 과학적으로 설계되어 있고, 과거의 행동 패턴과 현재의 상태를 판단하기도 하지만 미래의 신용을 예측하는 기능도 있다. 이 예측 기능으로 여신(대출)심사 시 금리의 산정이 확정

되는 경우가 대부분이다. 쉽게 말해 신용등급에 따라 개인이나 법인의 신용대출 금리가 달라지는 것을 말한다.

흔히들 자신은 대출도 없고, 신용카드도 사용하지 않으니 신용이 좋다고 착각하는 사람들이 있다. 하지만 신용등급은 금융거래가 아닌 신용거래의 경험과 현재의 신용거래 상태를 평가하는 것이다. 특히 추정 소득모형이란 개념은 신용카드 사용액으로 추정해 모델을 설정한다. 소득추정 모델은 신용등급과 매우 밀접한 관계가 있는데, 이는 대출이나 카드발급 시 한도부여에 영향을 미치기 때문이다. 여기서 신용거래와 금융거래의 차이를 살펴보면, 일반적으로 금융거래를 신용거래와 착각하는 경우들이 많은데 금융거래는 일상적인 통장거래 정도와 신용거래를 포함한 통칭이다. 하지만 신용거래는 흔히 말하는 대출과 신용카드의 사용, 약속어음의 발행, 할부금융의 이용 정도가 있다.

신용등급은 신용으로 빌린 대출금이나 카드대금 등을 납부하지 못하여 연체를 하면 떨어지고, 또한 이자나 원리금을 납부하지 못할 때 떨어진다. 반대로 납부를 잘하고 카드대금을 미리 갚는 등의 행동은 신용등급 상승요인이 된다.

처음 신용등급이 부여되면 보통 5~6등급 정도다. 여기서 개인의 신용거래 형태에 따라 신용등급이 좋아지기도 나빠지기도 한다. 신용등급이 나빠지는 가장 큰 이유는 연체, 그 다음은 다중채무와 채무의 건전성이다. 다중채무는 여러 개의 대출을 가진 것을 말하고, 채무건전성은 채무의 질을 말하는데 현금서비스나, 카드론, 2금융권 이용 등이 있고 이것보다 더 나쁜 것이 사금융이라 불리는 대부업체의 이용 등이 있다. 보통 은행권은 5등급 이내 고객을 대상으로 대출을 하고, 2금융권은 7등급 이내 고객을 대상으로 대출을 한다. 물론 이것이 절대적인 기준은 아니지만 보통의 경우가 이렇단 말이다.

신용등급은 결국 개인이나 법인의 선량한 시민의식을 담보로 산출한 것이라 할 수 있다.

신용등급, 어쩌면 우리는 서로를 믿지 못해 등급을 매겨 믿음을 산출한 것일지도 모른다. 하지만 신용등급의 순기능 또한 매우 크기에 나쁘다고만 할 수는 없다. 또한 신용을 잘 지키고 안 지키고는 결국 선택하는 개인이나 법인의 몫이기에 말이다.

(2017. 3. 20.)

TEDx

조직은 결코 창의적 인재를 원하지 않는다

–4차 산업혁명 속에서 우리는 살아남을 수 있나

2015년 11월에 TEDx GNU에서 강연을 한 적이 있다. 그때의 강연 내용을 정리해본다.

미국의 정신분석의사 에릭 번(Eric Berne)은 1957년 자신의 논문을 통해 인간의 자아는 P(부모 자아), A(어른 자아), C(어린이 자아)의 세 가지 상태로 나눠진다는 구조분석 이론을 발표했다. 그리고 이 세 가지 자아를 다시 다섯 가지로 나누는 기능적 분석을 했다. NP(양육적 부모), CP(비판적 부모), FC(자유로운 어린이), AC(순응하는 어린이), A(어른 자아)로 나눠진 다섯 가지 자아 중에서 창의성과 가장 밀접한 관계를 가진 것은 FC 유형의 사람들이다.

대다수 조직의 오너는 그들 세대에서 비교적 창의적인 사람들에 속하고, 자신들의 성공을 경험 삼아 자신과 비슷한 유형의 인재를 선발하기를 원한다. 하지만 조직에는 오너만 있는 것이 아니다. 조직의 중간관리자는 성과를 창출하는 것보다는 문제를 만들지 않는 것이 더욱 현명하다고 생각한다.

'High risk–high return, Low risk–low return'이라는 수익의 법칙이 있다. 하지만 대다수의 조직은 이 수익의 법칙에서 어긋나는 기대를 가지고 있다. 'Low risk–high return'을 바라는 것이다. 그러나 창의적인 인재는 결코 Low risk가 되지 않는다. 왜냐하면 창의란 것이 결국 기존의 방식이나 문화를 넘어선 생각을 하는 것이고, 그것은 결국 새로운 비용을 발생시키는 일이기 때문이다. 결국 창의적인 인재는 살아남기 위해서 조직에 순응하는 사람으로 살아가거나, 아니면 조직을 떠나 자신의 길을 찾게 되는 것이다.

사실 나도 직업을 세 번 이상 바꾼 조직 부적응자다. 하지만 스스로 혁신적인 사람이라 생각하고 있고, 그리고 실제로 늘 변화와 도전의 삶의 연속이었다. 혁신의 아이콘 스티브 잡스(Steve Jobs)도 창의성 때문에 그가 설립한 회사에서 쫓겨난 인물이었음을 생각한다면, 조직이란 결국 관료화되고 기득권 세력이 구조화된다는 것이다. 스티브 잡스는 "혁신은 리더와 추종자를 구분하는 잣대"라고 했다.

창의적인 인재에게 말하고 싶다. 조직의 부속으로 살아갈 것인지? 아니면 스스로의 길을 만들어 갈 것인지? 그것은 결국 선택하는 사람의 몫이라는 것을 말이다.

(2015. 11.)

4차 산업혁명 속 현명한 인간되기

-호기심이 자라는 환경이 파괴되고 있다

수많은 과학자와 심리학자가 원숭이에게 언어와 소통의 수단을 가르쳤고, 실제로 조지아주립대학의 언어연구소에는 약 200개의 단어를 표현하는 '칸지'라는 원숭이도 있다.

원숭이는 언어를 커뮤니케이션의 수단으로 활용은 했지만, 자의식의 근본인 자아에는 흥미가 없었다. 자아란 인간이 가진 내면의 자신, 즉 내 안의 다른 나다. 우리는 사고를 하고 결론을 내려 행동한다. 물론 가끔은 감정에 휘말려 행동이 앞서기도 하지만, 대부분은 사고의 통제를 받고 있는데 이 사고의 과정에서 결론을 유추해주는 것을 자아라고 할 수 있다.

인간의 자아는 호기심이라는 인간만의 독특한 현상을 만들어낸다. 이 호기심은 지금 우리가 생활하고 있는 문명기술의 시작이자 원동력이다. '왜?'의 힘은 대단하다. 과학혁명의 기틀이 된 아이작 뉴턴(Isaac Newton)의 만유인력 법칙 또한 호기심에서 시작되었고, 알버트 아인슈타인(Albert Einstein) 역시 자신을 재능 있는 사람이 아니라 호기심이 강한 사람이었다.

한데 디지털 정보기술은 호기심이라는 특별한 능력을 갖춘 인간에게 호기심을 충족하고자 발전하여 왔지만 아이러니하게도 결과는 역기능을 가져왔다. 답변을 빠르게 찾아줌으로써 진정한 호기심이 자랄 수 있는 환경을 파괴한 것이다. 결국 디지털 정보기술은 우리 모두에게 행운인 동시에 우리를 바보로 만든 것이다.

인간이 동물과 다른 것은 자아에서 비롯된 사고의식이다. 우리는 그것을 흔히 생각이라 말하고 늘 일상에서 사용한다. 하지만 언젠가부터 인간의 생각하는 시간조차도 줄고 있다. 이렇게 우리는 점점 생각하지 않는 존재가 되어 가는 것이다.

하루 10분 만이라도 무엇이든 어떤 주제든 사고하고 결론을 지어보라. 지금보다 매우 현명한 당신이 될 것이다.

(〈경남도민일보〉 2017. 2. 24.)

AI 시대를 두려워하지 마라

최근 4차 산업혁명에 대한 관심이 커져가고 있고 덕분에 우리는 AI와 4차 산업혁명에 대한 두려움을 가지게 되었다. 4차 산업혁명의 의미와 우리 삶에 대한 변화를 역사의 교훈과 실제를 통해 살펴보자.

18세기 영국에서 시작된 산업혁명의 상징은 디젤엔진의 기관차라고 할 수 있다. 디젤엔진은 그동안의 인류의 삶을 농경사회에서 공업중심의 사회로 변화시켰다. 그리고 20세기에는 또 다른 시대의 변화가 생겼다. 그것은 바로 정보화시대의 도래, 즉 공업화시대에서 정보중심의 시대로 변화가 일어난 것이었다.

이러한 두 가지 역사적 변화는 인간의 직업에도 많은 변화를 가져왔다. 농경사회에서 필요했던 기술은 공업화와 함께

밀려나 공업화시대에 필요한 새로운 직무역량이 생겨났고, 정보화시대는 공업화시대와 또 다른 직무역량이 필요한 직업이 생겨났다.

이제 4차 산업혁명의 상징인 AI의 시대가 도래하고 있다. 무작정 자신의 직업이 사라질 것이라 고민하거나, 우리 아이의 직업이 없이 살게 될까 두려워하지 마라. 농경사회의 기술은 아직도 인간 생활에 필요한 기술이고, 공업화시대의 기능도 지금도 필요한 기능이다. 그리고 정보화시대의 직무능력은 갈수록 고도화되고 발전할 것이다. 그리고 AI시대는 정보화시대가 IT벤처의 열풍을 만들고 거대 공룡기업 페이스북이나 네이버 같은 새로운 일자리를 창출했던 것처럼 새로운 직업이 생겨날 것이고, 과거의 직무역량도 결코 사라지지 않을 것이다. 단지 과거의 경험을 볼 때 소수의 인원이 더욱 고도화된 기술을 사용하게 될 뿐이다.

AI시대에는 지금 우리가 상상하지 못한 새로운 직업이 기다리고 있을 것이다. 조심스레 짐작 해보면, AI를 통제하는 사람들이 각 분야에서 필요할 것이다. 아무리 AI가 일을 하더라도 결국 그것이 잘된 것인지 아닌지에 대한 판단은 인간의 몫이기에 말이다.

버스운전기사를 예를 들어보자. 평상시 AI가 운전을 하다가 사고나 위기상황에 대한 판단 대처는 운전기사가 하는 형태다. 좀 더 쉽게 말해 버스의 브레이크 고장으로 직진을 하면 어린이 한 명이 다치거나 죽을 것이고, 핸들 방향을 바꾸면 낭떠러지이기 때문에 버스 승객들이 죽거나 다칠 것이다. 이럴 경우 인간 생명을 지켜야 한다는 프로그램이 입력된 AI는 어느 쪽도 선택하지 못하는 에러로 인해 우리가 생각치도 못한 대형 사고를 일으킬 수 있다.

이것은 이세돌과 알파고 대결의 에러 상황에서 AI의 취약점이 이미 드러났다. 하지만 인간은 판단하고 실행할 것이다. 어떤 결정을 하느냐는 결국 그 순간을 판단하는 인간의 몫이 될 것이다.

이렇듯 AI시대에도 당신의 역할과 존재는 분명히 필요할 것이다. 그리고 당신에게는 좀 더 도덕적이고 윤리적인 직무능력이 필요할 것이다. 그것이 당신이 AI보다 잘 할 수 있는 유일한 능력일지도 모른다. 그러므로 지금부터라도 AI시대를 대비해 철학과 인문학, 윤리학에 관심을 가지길 권한다.

AI시대를 두려워 마라. AI는 결국 인간의 통제를 받는 수단에 불과할 것이다.

(2017. 3. 5.)

사진_ 조재성

불평등 코리아

–서민과 부자 모두가 불평등한 나라

부자들은 말한다, 너무나 힘들다고. 투자를 해서 돈을 벌거나 자신들이 정당하게 번 돈을 쓰면서 주변의 시선을 의식할 수밖에 없다고. 그리고 언론과 서민은 노력의 대가로 이룬 부자의 성공을 비리와 부도덕의 대가로 치부해버린다고.

서민들은 말한다, 너무나 힘들다고. 일할 기회를 가지는 것도 힘들고, 힘겹게 구한 일자리도 언제 잘릴지 모르고, 도시가스와 교통비, 전세금은 잘만 오르는데 오르지 않은 것은 자신의 월급뿐이라고.

모두가 맞는 말이다.

우리가 공부를 하고 직장을 다니며 일을 하는 것 모두가 '성공'하기 위해서이다. 사람마다 그 성공의 기준은 다르지만, 최근의 트렌드는 결국 자본을 많이 가지는 것이다. 이런 우리가 아이러니하게도 피와 땀으로 이룬 타인의 성과는 무시하고 자신의 성과에만 정당성을 부여한다. 우리는 타인의 성공에 날선 비난을 쏟아내며 갖은 의혹과 의심의 눈초리를 보내지만, 정작 자신의 성공은 자신의 노력으로 이룬 정당한 대가라고 자부한다. 결국 우리는 그 누구의 성공도 인정하지 못하고 그 누구에게도 자신의 성공을 인정받지 못하는 오직 자기중심의 세상에서 살아가고 있는 것이다.

나는 말하고 싶다.

당신의 정당한 성공을 인정받고 싶다면 먼저 타인의 성공을 인정하라. 기회가 균등하지 못했고 물려받은 유산이 없었다라고 불만과 불평을 쏟아내기 전에 과연 당신은 어떤 노력을 하고 있는가를 생각하라.

한 친구가 있다. 고교시절 나보다 공부를 잘했던 친구다. 그는 모임에서 늘 불평과 불만을 쏟아냈다. 고교시절 자신보다 공부를 잘 못한 친구나 전문직 직업을 가진 친구에게 공부도 못한 것들이 박사과정까지 공부해서 전문가 소리를 들으며 잘 산다고 불평한다. 사실 이 말은 반은 맞고 반은 틀린 것이다. 고교시절 친구들이 그보다 공부를 못한 것은 사실이다.

하지만 나와 전문직을 가진 친구는 꿈을 포기하지 않았다. 전문직을 가진 친구는 재수를 해 좋은 대학에 갔고, 그 후 국가고시를 통해 전문직이 되었다. 나는 불만을 말하는 친구처럼 월급쟁이였지만 꿈을 포기하지 않고 직장과 학업을 병행하며 피나는 노력을 했던 것이다. 이렇듯 우리 사회의 많은 사람들은 타인의 노력과 열정은 생각하지 않고, 그 결과만 비난하고 질투한다.

다시 한 번 말하고 싶다.

그들이 비난하고 비판하는 부자나 성공한 사람과 자리를 바꾸어준다면, 그들은 과연 그 부와 자리를 지킬 수 있을까?

세상은 자격을 갖춘 자의 성공도 질투한다. 하물며 자격 없는 자의 성공을 결코 지켜보지만은 않는다. 우리는 이것을 탄핵으로 증명했다.

타인의 성공을 부러워 마라. 당신이 포기하지 않는다면, 언젠가 그 성공은 당신의 것이 될 것이다.

(2017. 3. 28.)

사진_ 조재성

차별이 아니다, 기업도 권리가 있다

–차별과 합리는 다른 것

나는 지금까지 여성차별을 반대하고 시정하기 위해 노력해 왔다. 어쩌면 늘 여성의 편에 서 있었다. 하지만 오늘 기사에서 일부 여성의 주장을 보며 만감이 교차한다.

기업마다 처해진 환경이 다르다. 그래서 특정 성비(性比)가 높을 수 있다. 일례로 초등학교 교사의 성비 구성은 대다수 여성이다. 그리고 직업군인은 대다수 남성이다. 이런 조직의 특성은 고려하지 않고 무작정 차별받는다고 말하는 것은 여성이 가진 권리 이전에 기업이 가진 생존권과 재산권을 침해하는 행위다.

만약 당신이 오너라면 당신과 일할 사람을 당신의 의지대로 채용하려 할 것이다. 그런 당신을 타인이 비난하거나 의심한다면 당신은 어떠할까?

당신은 당신의 실력으로 경쟁해야 하는 것이지, 근거 없는 비난과 의심은 우리 사회의 기본이 되는 신뢰를 무너지게 할 뿐이다.

〈일부 기업 신입채용 방식 논란〉(?)

- 일부 취준생들 '남녀차별'
"女 지원자가 대체로 면접 잘 봐 …
남자가 적게 뽑힐까 봐 분리면접"

- 407개 기업 설문해보니
60% "채용시 지원자 성별 고려"
70% "남성이 유리할 때가 많아"

채용하는 기업이나 오너에게도 분명 자신과 잘 맞는 사람을 채용할 권리가 있다.

사회는 시스템이다. 이것은 인간이 서로의 안전을 공동으로 영위하기 위해 합의한 약속 같은 것이다. 약속의 기반은 신뢰다. 사회가 믿을 수 없으니 의심하고 비난한다고 한다. 나는 그들에게 말하고 싶다.

당신은 믿을 수 있는 사람인가?

기억하라, 당신이 공정한 기회를 보장받을 권리가 있듯이 기업과 오너들도 합리적 선택을 할 권리가 있다는 것을.

(2017. 3. 17.)

제 멋대로 생각하는 사회

2017년 2월 17일 한국보건사회연구원의 '한국 국민의 건강행태와 정신적 습관의 현황과 정책대응' 보고서에 따르면 한국인 1만 명(12세 이상)의 90.9퍼센트가 '인지적 오류'를 범하는 습관을 지녔다고 응답했다.

인지치료(cognitive therapy)의 창시자인 아론 벡(Aaron. T. Beck)은 모두 열 가지의 인지왜곡을 주장했다. 인지적 오류란 어떤 일을 결정할 때 사람들이 자신의 의견을 묻지 않았다고 해서 자신을 무시하는 것으로 생각한다거나(임의적 추론), 하나를 보면 열을 안다고 생각하는 것(선택적 추상화) 등을 말한다.

갑자기 인지왜곡(오류)을 말하는 것은 사실 우리 사회의 외형에 대한 왜곡된 인식을 이야기하고자 해서다. 우리는 처음 보는 타인을 평가할 때 그 사람의 됨됨이나 성격 등을 평가한다. 하지만 사실 그 사람을 보는 것이 아니라 그의 직업이 무엇이고, 그의 학벌은 어떻게 되는지, 그리고 외모와 옷차림 등을 살피고 판단하는 것이다. 이것이 바로 인지적 왜곡(오류)이다.

우리는 타인을 보고 타인을 평가하는 것이 아니라 타인의 환경을 보고 타인을 평가하는 왜곡을 가지고 있다. 그것은 학벌이 높고, 전문성을 가진 직업에 종사하고, 나이가 많을수록 더욱 고착된다.

한국인의 90.9퍼센트가 인지적 오류를 범한다는 연구결과는 사실 우리 사회가 이미 왜곡된 가치관이 형성되었다는 것을 의미할 수도 있다. 우리가 왜곡된 사고를 하게 된 것은 교육과 자본 중심의 문화, 그리고 외모지상주의 등의 영향 때문이다. 여기서 인간의 존엄이나 존중은 찾아볼 수 없다. 제 멋대로 생각하고 제 멋대로 판단하는 사회, 그리고 타인의 배려나 존중이 없는 한국인의 슬픈 현실을 이 연구는 말하고 있는 것이다.

사실 이는 우리 사회의 구성원이 얼마나 이중적인가를 잘 보여준다. 우리는 타인을 사람 중심이 아니라 환경을 보고 평가하고는 타인에게는 자신의 평가 근거가 사람이었다고 말하는 이중적인 모습을 가지고 있다. 이것은 "인간은 자신의 이중성은 인지하지 못하고, 타인의 이중성은 인정하지 않는다." 라는 나의 주장으로 설명이 가능하다. 결국 우리 사회의 구성원은 타인의 시선으로부터 자유롭지 못한 삶을 살아가고 있는 것이다. 심리학자 알프레드 아들러는 "타인의 시선으로부터 자유롭지 못한 삶은 진정한 자신의 삶이 아니다."라고 했다.

말하고 싶다.

지금 당신이 믿고 있는 가치가 진정 당신이 원하는 가치인지를 생각해보라고. 어쩌면 그것은 우리의 사회 환경과 학습에 의해서 만들어진 '가짜가치'일지도 모른다. 우리가 그것을 진지하게 고민해야 하는 것은 우리의 삶은 연습이 없는 단 한 번의 실제이기 때문이다.

(2017. 4. 6.)

'극'으로 가는 한국 사회
-청년이 헬조선을 외치는 사회

過猶不及(과유불급)

무엇이든 도가 지나치면 부족한 것보다 못하다.

극좌든 극우든 분명히 이 사회의 불필요한 존재들이다. 애국과 극좌나 극우는 다르다. 극좌나 극우는 애국을 부르짖는 망상장애자들일 뿐이다.

처음과 달리 촛불도 태극기도 변질되어 가는 것을 느낀다.

지금 우리에게 필요한 것은 갈등과 대립이 아니라 하나 된 힘으로 글로벌 위기상황을 극복할 지혜와 화합이다.

그저 자신들의 이익을 위해 극좌를 외치는 사람들과 그저 자신들의 이익을 빼앗기지 않으려는 극우들. 이런 상황 속에서 청년은 절망하며 헬조선을 외치는 것이다.

극우파가 싫어서 맹목적으로 극좌파를 지지하는 사람들, 가진 것을 빼앗기지 않거나 자신의 이익을 불리기 위해 우파를 지지하는 사람들, 사실 우파든 좌파든 순수한 신념은 문제가 되지 않는다. 그것은 건강한 사회의 증거이니 말이다. 하지만 그 신념에 이해관계가 얽히면서 문제가 시작되는 것이다. 이것이 한국 사회의 맨얼굴이다.

우리는 그 누구도 이것으로부터 자유로울 수 없다. 하지만 단 한 가지만 명심해라. 지금 당신들의 행동은 당신들과 반대되는 사람들의 권리를 약탈하는 것이란 것을.

(2017. 3. 7.)

유승준이 아니라 스티브 유다

-권리는 의무를 수반한다

15년 전 그는 자신을 사랑해주었던 팬과 국민의 기대를 저버리고 유승준이 아닌 스티브 유를 선택했다. 군 입대 나이가 지난 작년에서야 입대를 하겠다며 한국에 들어오려 했고, 국민에게 사과하던 인터뷰가 끝난 뒤 카메라가 꺼진 것도 모르고 그가 막말까지 쏟아내어 사과의 진정성을 의심받았다.

그는 왜 끈질기게 한국으로 돌아오려 할까?

단순히 그가 한국인이라서 고국을 그리워한다면 오산이다. 그는 미국에서 학교를 마친 교포 2세다. 그런 그에게 고국의 그리움은 남의 말이다. 그는 한국을 돈벌이의 수단, 즉 쉽게 돈을 벌고 인기를 얻을 수 있는 곳으로 여기기 때문이다.

모든 민주주의는 권리와 함께 의무를 수반한다. 그러나 그는 국방의 의무를 회피해 미국으로 갔고, 그리고 15년이 지난 지금에서야 돌아오려 하고 있다. 이런 행동이 우리 사회의 근간을 흔드는 일임을 그는 생각하지 못하는 것 같다.

의무는 회피하고 권리만 누리려는 그의 행동은 어떤 이유로도 용서하기 힘들고 이해받기 어렵다. 모든 민주주의는 권리와 의무를 동시에 주기에 말이다.

스티브 유, 당신은 한국인이 아니다. 당신 스스로 필요에 의해 우리를 버렸고, 우리는 상처받았다. 그런 우리에게 진심어린 사과가 아닌 거짓으로 일관하며 소송으로 다툼을 벌이는 것은 우리를 무시하고 기만하는 것이다. 이 땅에 대다수의 젊은이가 피땀 흘리며 군복무를 하던 그 때 당신은 어디에 있었는가?

스티브 유, 이젠 그만하라. 당신이 당신의 의지대로 우리를 버릴 수 있듯이, 우리 또한 우리의 의지로 당신을 거부한다. 대한민국은 자유민주주의 국가고, 권리에는 반드시 의무가 따른다는 것을 기억하고, 당신의 행동은 우리 헌법 가치와 민주주의를 훼손하고 상처 입히는 행동이라는 것을 꼭 기억하라.

시간이 좀 더 지나 당신 아이들에게 당당한 아버지가 되고 싶다면 진심으로 사과하고 용서를 빌고 조용히 당신의 나라에서 살아라. 그것이 당신이 우리에게 용서받을 수 있는 마지막 기회다.

(2017. 2. 23.)

사진_ 옥두석

사진_ 조재성

근로 시간과 행복의 관계
-일과 가정 간의 갈등, 그리고 행복

한국 근로자의 연간 근로시간은 2113시간으로 OECD 평균인 1766시간에 비해 상당히 길다. 또한 지난 3월 17일 OECD는 '구조개혁평가서'를 통해 "한국 근로자의 근로시간은 OECD 가입국 중 최고 수준이면서 생산성은 이에 미치지 못한다."고 진단했다.

산업심리학에는 '일과 가정 간의 갈등(work/family conflict)'이라는 개념이 있다. 이는 일에서 오는 의무와 가정에서 오는 의무 간의 갈등을 조화시키려고 하는 데서 오는 딜레마를 말한다. 한국 사회의 근로환경과 문화는 급격하게 변했지만, 사실 가정에서 남성과 여성의 역할은 아직도 전통적인 개념에서 벗어나지 못하고 있다. 특히 맞벌이부부의 증가가 대표적이지만, 가정 내 전통적 역할은 아직도 크게 변하지 않았다. 대부분의 남성은 가사를 함께하는 것이 아니라 도와주는 것이라고 여긴다. 이는 남성의 근로자로서 지위와 소득수준이 여성에 비해 상대적으로 높기 때문이다.

이것이 근로시간과 무슨 상관이 있을까? 사실 근로시간은 인간 삶의 질을 결정하는 매우 중요한 요소이기 때문이다. 산업심리학자들은 근무시간이 가정생활에 대한 간섭을 예측하고, 가정생활에 대한 간섭은 심리적 고통을 예측하는 것을 발견했다.

또한 남성의 높은 소득이나 정규직의 의무를 다하기 위해서 초과 근무가 발생하는 경우도 있다. 물론, 일을 통한 물질적 보상이 우리 삶의 질에 미치는 영향을 부인할 수 없다. 그렇지만 물질적 보상과 사회정서적 보상이 배타적이어야 할 어떠한 이론적 배경은 없다.

다시 원 주제로 돌아가 일과 가정 간의 갈등은 결국 근로시간과 연관되는 것을 우리는 과학적 연구를 통해 알 수 있는 것이다. 우리의 행복은 만족스러운 가정생활과 친구와의 관계, 다양한 관심사에 대한 추구와 참여를 통한 만족, 그리고 그것을 즐길 수 있는 시간 등과 관련 있다 할 수 있다. 물론 여기에는 적당한 일과 그를 통한 물질적 보상이 전제되어야 한다.

행복이란 것이 주관적 개념이고, 개인차가 존재하는 것이라 다소 다른 의견이 나올 수도 있다. 하지만 그것은 행복과 순간의 쾌락 또는 즐거움을 구분하지 못해 발생하는 착각이나 행복의 개념을 잘못 이해하고 있기에 발생하는 것이다. 물론 일을 통해 행복을 느끼는 경우도 있다. 그렇다 하더라도 인간은 일만 하며 살 수는 없다. 결국 우리는 사회정서적 보상을 추구하게 되는 것이다.

우리는 일과 가정생활의 갈등을 부부 두 사람의 서로에 대한 배려와, 적당한 근로시간, 그리고 물질적 보상과 유익한 휴식을 통해 해결하여야만 한다. 부부의 어느 한쪽이나 조직과 구성원의 관계에서 일방의 희생으로 만들어진 성과는 결코 좋은 결과를 만들어낼 수 없다.

끝으로 우리가 일하지 않고 살 수 없는 존재라면, 일 자체를 즐기고 일을 통해 성취 욕구를 채울 수 있는 자신의 적성과 맞는 일을 선택하기를 바란다. 단순히 돈을 벌기 위해 직업을 선택한다면 일하는 즐거움이 아니라 하루하루를 일하는 고통 속에서 살아갈 수밖에 없는 것이다.

(2017. 4. 4.)

※ 한국경제TV신문

※ Paul M. Muchinsky. 유태용역, 《산업 및 조직심리학》(2013) 참조.

Part_2
욕망 코리아

금지된 욕망
-자격 없는 사랑, 불륜

"사랑만큼 격심한 성장통을 수반하고 사랑만큼 많은 것을 한순간에 가르치는 좋은 수업이 또 있을까. 나는 아렌트와 하이데거가 만났던 한때가 두 사람에게 발전과 타격을 한꺼번에 안겼을 거라고 생각한다. 불륜으로 끝나버리고 말았을 수도 있는 한 만남이 인류철학사를 바꾸어 놓는 획기적인 사건이 될 수 있었던 것이다."

-한나 아렌트의 '금기를 깨는 사랑' 중에서

결혼은 상대에 대한 배타적 독점권을 보장한다.

그리고 그것은 반대로 본인에게도 적용된다.

하지만 인간의 리비도는 그 승화과정에서 발전적 모습에 따라 금기시된 욕망을 가져온다.

금기시된 욕망은 시대의 기준에 따라 변화하고 이제 우리 사회는 '간통'이라는 단어를 잊어간다.

조금만 더 시간이 지나면 우리는 그저 성적 자기결정권의 중요성만을 말하게 될 것이고, 그것이 상대에게 주는 상처는 이해하지 못하게 될 것이다.

사랑, 그리고 해서는 안 되는 사랑.

그것은 어디까지나 시대의 기준이 정해주는 것.

하지만 그 기준 속에서도 상처받는 이는 분명 생길 것이다.

나는 이렇게 생각한다.

"사랑할 자격과 사랑받을 자격 없는 자들의 사랑, 그것이 '불륜'이다."

(2017. 1. 29.)

로리타를 갈망하는 사회 1
-드라마 〈도깨비〉를 보고

어제 새벽 원고정리를 하다가 너무 하기 싫어 드라마 〈도깨비〉를 다시보기로 1~4편까지 보았다. 판타지(샤머니즘)와 에로스, 무협 같은 재미의 요소가 다양하게 가미되어 있었고, 실제로 재미있었다. 하지만 왠지 아동청소년 성보호에 관한 법률을 위반한 것은 아닌가라는 생각이 드는 것은 나만의 착각일까? 작가는 아마 인간이 대상이 아니란 이유로 법률을 피했다고 생각하는 걸까? 이유야 어쨌든 청소년은 성의 대상이 아니라 보호의 대상이라는 사실을 말하고 싶다.

또한 돈 많고 잘생긴 나이 많은 어른을 좋아하는 여고생의 모습은 우리 아이들에게 돈 많고 잘생긴 어른을 사랑해도 된다는 왜곡된 인식을 줄 수 있다. 그리고 성인 남성에게는 돈만

많으면 어린 여학생들이 좋아해줄 것이란 잘못된 시그널을 줄 수도 있다. 드라마가 우리 사회에 미치는 영향을 생각한다면 조금 더 세심한 배려가 필요하다는 생각이 드는 이유다.

언젠가부터 우리 사회의 성인이 청소년을 성의 대상으로 인식하고 있는 것 같다. 섹시한 의상 콘셉트의 걸그룹에는 십대 소녀도 있다. 그리고 그 소녀들의 몸매와 섹시함을 쫓아 갈망하는 삼촌 팬들도 존재한다. 그리고 그것을 이용해 돈을 버는 기획사도 있다. 이렇게 우리는 십대 소녀의 성을 소비하고 이용하는 것이 언제부터인가 매우 자연스러워졌다.

아이들은 보호의 대상이고 우리의 미래다. 그런 미래를 우리는 자본의 논리로 사고팔고 있는 건 아닐까? 유아기 시절 승화되지 못한 리비도가 왜곡되게 발현하고, 그것을 이용해 자본을 벌어들이는 사람들이 존재하는 사회, 지금 우리 사회는 로리타를 갈망하는 것은 아닐까?

나는 아이들이 성의 대상이 되고, 왜곡된 성문화의 주체가 되는 것을 반대한다. 그리고 우리는 그런 패러다임을 거부할 의식이 필요한 것이다.

(2017. 1. 30)

로리타를 갈망하는 사회 2
–팬심 뒤에 숨어 있는 왜곡된 욕망

삼촌 팬들의 걸그룹을 향한 환호….

이것은 사실 30~40대 삼촌들의 어긋난 욕망의 소비다. 나는 지난 몇 년간 연예인 소녀들의 팬클럽을 분석했다. 팬심이라는 이름 뒤에 숨겨진 우리 사회의 성 상품화와 삐뚤어진 욕망의 소비가 지금 사회의 걸그룹을 만든 것이다. 십대나 이십대 소녀의 육체를 보며 환호하는 남성의 환호 뒤에 감추어진 로리타 콤플렉스는 자본시장이 만들어낸 왜곡된 욕망이다.

이 어긋난 욕망 뒤에 숨겨진 문제의 본질을 말하고 싶다. 인간이 가진 욕망을 나쁘다고 할 수 없지만, 승화되지 못한 리비도의 발현이 만들어낸 삐뚤어진 욕망은 분명 비난받아야 마땅하다. 2016년 연예인 성매매 범죄가 세상에 드러났다. 그런데

사실 그리 놀랍지도 않다. 왜냐면 우리는 이미 마음속으로 짐작하고 있었기 때문이다.

성의 상품화는 양성평등과 연관되어 있다는 것이 여성계의 주장이지만, 나는 조금 다르게 생각한다. 성의 상품화는 인간의 존엄을 해치는 자본의 논리가 적용된 것이다. 지금부터라도 십대 소녀들의 걸그룹 데뷔를 심도 깊게 고민해봐야 할 것이다.

(2017. 1. 31.)

사랑에 대하여

-사랑은 결국 시간이 증명한다

미국의 심리학자 스턴버그(R. J. Sternberg)는 사랑의 삼각형이론을 주장했다. 즉 사랑에는 열정, 헌신, 친밀감이라는 세 가지 요소가 필요하다는 것이다.

언젠가 강의를 듣던 한 여학생이 내게 심리학은 너무 낭만적이지 못하다고 했던 적이 있다. 사실 심리학적 관점의 사랑은 그 여학생의 주장처럼 낭만과는 거리가 멀다. 심리학이란 학문 자체의 특성이 인간의 심리 상태를 과학적으로 분석하는 학문이기 때문이다.

일례로 "프로이트는 인류에게 결코 치유될 수 없는 치명적인 심리학적 모욕을 가했다. 그는 인간을 사유하는 존재, 자기 자신의 주인이 아니라 무의식의 지배를 받는 위치로 끌어내린

환상의 파괴자였고, 또한 정신분석이란 무기를 들고 인간집단 삶의 기초를 이루는 예술, 종교, 문명의 뿌리까지 파들어간 문명의 해부학자였다. 프로이트로 인해 인간은 자신을 과거와 완전히 다른 관점으로 바라보게 되었다." 프로이트 전집 중 일부의 내용을 요약한 것을 보더라도 심리학적 특성을 어느 정도 이해할 수 있을 것이다.

나는 스턴버그의 사랑의 삼각형이론을 차용하여 그것에 '시간'이라는 요소를 더하고 싶다. 열정과 친밀감, 헌신이라는 요소가 시간과 함께하지 못한다면 그것은 결국 순간이 되어버릴 것이다.

'사랑'은 모든 정서장애 치료에서 가장 중요한 치료자원이지만 때로는 갈등의 원인이 되기도 한다. 그리고 인간의 역사와 함께 시작되어 지금까지 우리를 웃게도 울게도 하는 '사랑', 결국 사랑의 감정 그 자체는 변함이 없지만 사랑을 하는 사람이 변하는 것인 '사랑', 우리는 늘 타인과의 사랑에 목말라 하지만 사실 사랑은 자기애에서 출발한다. 자신을 사랑하지 못하는 사람은 타인 또한 사랑하지 못하는 것이다.

현대인의 절대 다수가 많은 사람들 속에서 살아가지만 정작 외로움을 느낀다. 그것은 사랑을 향한 강한 결핍일 것이다. 그리고 사랑을 하는 그 순간에도 외로울 수 있다. 하지만 그것이 꼭 나쁜 것은 아니다. 외로움은 어차피 인간과 함께하는 숙명 같은 것이기에 말이다.

(2017. 2. 20.)

말하지 못하는 성(性)

-침묵하는 동안 은밀하고 왜곡 된다

DSM-5에 따르면 현대사회 여성의 성(性) 관련 장애는 생각보다 유병률이 높다(여성 성적 관심과 흥분장애의 유병률은 성인 여성의 14퍼센트다). 하지만 우리 사회는 아직까지도 여성에게 성을 말하는 것을 금기시한다. 정확히 이야기하면 남성과 여성 모두가 성에 대한 이야기를 하지 않는다. 심지어 전문가조차도 여성의 성적 자기결정성과 건강한 성생활에 대한 권리를 주장하는 경우가 드물다.

결국 이런 배경이 우리 사회의 이상 성행동을 만들어낸 것이다. 성을 숨기고 말하지 않는 사회, 성을 숨기고 은밀하게 추구하는 우리의 문화가 고쳐지지 않는다면 결코 건강한 성문화는 만들어지지 않을 것이다.

우리가 이렇게 침묵하는 동안 왜곡된 성문화는 독버섯처럼 자라나 우리 생활의 곳곳에 자리 잡았다. 변형된 성매매는 우리 일상생활 속에 파고들어 너무나도 흔한 일이 되어버렸고, 유투브 같은 영상 사이트에는 음란물이 넘쳐나고 있다.

용돈을 벌기 위해 성인에게 자신의 성을 파는 청소년, 그런 아이를 이용하거나 위협해 돈을 빼앗는 또래의 또 다른 아이들. 이런 우리 사회의 왜곡된 성문화는 결국 어른의 잘못이다. 성을 자연스럽게 말하는 사람을 이상한 시선으로 바라본 것들이 결국은 이런 문화를 만든 것이다.

성은 사랑을 표현하는 수단이고, 욕망의 분출인 동시에 종족번식의 수단이다. 그리고 인간의 삶을 좀 더 인간답게 만드는 방법이다. 이런 성을 우리는 숨기고 은밀하게 할 것이 아니라 이제는 자연스러운 방식으로 대화하고 토론하는 접근이 필요한 것이다.

당신의 파트너에게 자신의 욕망을 당당히 말하라. 그렇게 한두 명이 말하면 우리 사회의 모든 사람이 말하는 날이 올 것이다. 그리고 우리 아이에게 성 행동에 대한 분명한 교육을 하라. 행동에 따른 책임과 사랑을 말해주어야 하는 것이다.

(2017. 2. 26.)

마흔의 사춘기
-두번째 사춘기, 중년의 외도

얼마 전 한 중년의 남성을 인터뷰했다.

그는 결혼생활 12년차의 평범한 샐러리맨이었다. 슬하에는 자녀도 있었다. 그런 그가 마흔에 사랑을 꿈꾼다. 그에게 그것은 사랑이 아니라 그저 스쳐가는 바람일 뿐 흔들리지 말라고 했다.

그는 이렇게 말했다.

"저도 알아요, 근데 제가 지금 아니면 언제 이렇게 가슴 뛰는 사랑을 해보겠어요?"

나와 연배인 그의 말에 잠시 공감은 했다. 하지만 나는 알고 있다. 그것이 스쳐가는 바람이란 것을, 하지만 그의 결정을 존중하기로 했다. 그것은 그의 선택이고 단 한번뿐인 그의 인생이기에 말이다.

아련한 첫사랑의 추억처럼 마흔의 사랑은 설렘과 중년의 농익은 짜릿함을 더해주기에 더욱 쉽게 빠져들고, 한번 빠져들면 쉽게 헤어나오기 힘든 것이다. 감정이란 것이 한번 무너지고 한번 약해지면 끝없이 약해지기 마련이다.

인터뷰가 끝나갈 때쯤 그에게 이성은 '안 돼'이지만, 감정은 '공감한다'는 말을 하고 마무리했다.

마흔의 사랑, 현대인은 풍요로움 속에서 더욱 외로운 존재가 된 것은 아닐까? 안정적인 직장과 평화로운 가정, 여유로운 삶은 인간의 가장 기본적인 욕망을 성장시키는 친구가 되는 것은 아닐까?

사랑받을 자격과 사랑할 자격 없는 자들의 사랑.

그것이 불륜이라 말하던 나의 이성에 그의 진심 어린 고백은 오히려 인간적이었다는 생각이 들게끔 한다. 어차피 인간은 불완전한 존재이기에 말이다.

(2017. 2. 1.)

인간과 일
–인간에게 일은 꿈과 연결되어 있다

일이란 무엇일까? 개인에게 일이란 어떤 의미가 있을까? 국어사전에서는 일을 "무엇을 이루거나 적절한 대가를 받기 위해서 어떤 장소에서 일정한 시간 동안 몸을 움직이거나 머리를 쓰는 활동 또는 활동의 대상"이라고 한다. 한편 일이라는 단어의 어원에서 그 의미를 짐작할 수 있다.

'work'의 라틴어 어원인 'poena'는 '슬픔(sorrow)'을 의미한다. 일하는 것은 고통스럽거나 고난하다는 의미이다. 또한 노동이란 단어도 비슷한 의미를 가진다. 그리고 프랑스어나 라틴어의 어원을 살펴보면 '속박'과 '고문'에서 유래되었다고 한다.

이렇듯 일이란 삶에서 결코 쉽지 않은 시간이다. 하지만 모든 것이 그러하듯이 순기능과 역기능이 존재하는데 인간에게 일이란 고난스럽지만 꼭 필요한 것이다.

정신분석학자 지그문트 프로이트((Sigmund Freud)는 인간이 인간답게 살기 위해서는 두 가지가 필요한데 첫째가 사랑, 둘째가 일이라고 했다. 어쩌면 일하지 않은 삶은 무의미한 시간일 수도 있다. 우리는 일을 생계의 수단이자 자아실현의 도구로 사용하지만, 사실 나는 일을 통해 사회와 소통하고 일을 통해 생기는 소속감이 더욱 중요하다고 생각한다.

사실 직업이란 노동과 일을 하기 위해 선택하지만 여기에는 경제적 기능, 사회적 기능, 자기개념의 결정성 같은 여러 가지 기능이 있다. 경제적 기능과 사회적 기능은 쉽게 이해할 수 있기 때문에 자기개념의 결정성만 잠시 말하고자 한다. 사실 직업은 개인 인생의 경력이 되고 개인이 어떤 사람인가를 나타내어주기도 한다.

에릭 에릭슨(Erik Erikson)은 청소년기 동안 개인은 자신이 누구이며 무엇을 해야 하는가를 결정하는 정체감 형성 과정을 거쳐 직업이나 직장을 결정한다고 주장했다. 이 주장에 따르면 다수의 직장인들은 평범한 과정을 거쳐 직업을 선택한 것이다.

에이브러햄 매슬로우(Abraham Maslow)의 욕구 5단계 이론이란 것이 있다.

- 제1단계 생리적 욕구
- 제2단계 안전의 욕구
- 제3단계 소속과 애정의 욕구
- 제4단계 존경의 욕구
- 제5단계 자아실현의 욕구

인간은 결국 직업을 통해 인간이 가지는 욕구의 많은 부분을 채워가는 것이다.

끝으로 이런 말을 하고 싶다.

"꿈이 이루어지지 않은 것이 아니라 아직 진행 중인 것이다."

나는 어릴 적 꿈을 이루었다. 그리고 새로운 꿈을 향해 도전하고 있다. 인간에게 일은 꿈과 연결되어 있다. 일을 통해 꿈을 실현하고, 일 자체가 꿈이 되어준다. 끝까지 포기하지 않고 노력한다면 분명 당신은 꿈을 이룰 수 있을 것이다.

(2017. 3. 15.)

※ Paul M. Muchinsky. 유태용역, 《산업 및 조직심리학》(2013) 참조.

사진_ 옥두석

당신의 도전을 응원합니다
–이루어지지 않은 것이 아니라 아직 진행 중이다

2016년 제20대 총선에서 창원시 성산구에서는 한 청년의 의미 있는 도전이 있었다. 새누리당의 당시 현역 국회의원 강기윤 후보와 야당의 정치거물 노회찬 후보의 대결에 30대 중반의 무명 정치 신인이 자신의 꿈을 위해서 도전장을 내밀었다. 모두가 그 청년의 도전을 불가능하다 이야기했고, 결과 역시 낙선이었다. 하지만 그는 지금도 자신의 꿈을 위해서 묵묵히 자신만의 길을 걷고 있다.

또 얼마 전 1월 초 도내 국민의당 도당위원장 경선에 한 여성 정치인이 도전장을 내밀었다 고배를 마셨다. 하지만 그녀 또한 차세대 여성 리더로서 자신의 포부와 비전을 갖고 현재도 왕성하게 활동하고 있다.

무모하지만 아름다운 도전의 주인공은 이재환 국민의당 창원성산구위원장과 여성이라는 사회적 약자에서 당당한 여성 정치인의 면모를 보여준 전현숙 경남도의원이다. 두 사람의 도전 결과는 좋지 않았지만, 그것은 결코 실패가 아닐 것이다. 두 사람 모두가 아직 가야 할 길이 남아 있기 때문이고, 지금도 자신의 길을 묵묵히 가고 있기에 말이다.

나는 직장에 다니며 세 번이나 대학원에 진학했다. 모두가 힘들기 때문에 포기하라고 했지만 묵묵히 직장과 학교생활을 병행했던 것이다. 그렇다, 우리는 어떠한 목표를 달성하기도 전에 지레짐작으로 도전하지 않고 실패를 두려워해 포기하거나, 막상 도전했더라도 현실의 어려움을 이야기하며 포기해버린다.

심리학자 알프레드 아들러는 "인간은 실패를 통해 성장한다."라고 했다. 이 말은 실패는 결과물이 아니라 성장을 위한 하나의 과정이라는 것이다. 많은 청년이 구직난으로 좌절에 빠져 있는 지금, 그들에게 이런 말을 하고 싶다.

"꿈이 이루어지지 않은 것이 아니다. 아직 진행 중이다."

도전을 두려워하지 않고 도전을 통해 얻은 실패를 경험으로 만들어 다시 도전할 때, 성공은 우리와 함께할 것이다.

이제 다시 아름다운 도전을 시작하라.

(〈경남도민일보〉 2017. 2. 25.)

삶

삶은 가벼운 순간이 모여 이루어지는 시간의 연속이다. 하지만 우리 삶의 무게는 너무나 무겁다. 그것이 현실이다.

인간은 누구나 똑같은 단위의 시간을 부여받지만, 시간의 가치는 우리가 어떻게 사는지에 따라 달라진다. 프로이트는 우리의 삶이 더욱 가치 있기 위해서는 적당한 일과 사랑이 필요하다고 주장했고, 현대사회에서 일의 의미는 점점 개인의 행복을 위한 '수단'으로 자리를 잡아가는 것이다. 반면 사랑은 언제나처럼 어려운 과제다. 인간은 사랑으로 서로를 이해하고 포용하기도 하지만, 사랑으로 갈등이 시작되기도 한다.

앞에서 노년의 삶에는 적당한 일과 친구, 취미가 있어야 한다고 말한 적이 있다. 사실 여기서 친구와 취미는 사랑을 대체하는 수단으로 사용된 것이다. 인간의 수명은 유한하기 때문에 노후에는 파트너와 함께하지 못하는 사람들이 많아, 나는 사랑을 대신해 친구와 취미를 이야기한 것이다.

사진_ 문상훈

며칠 전 일흔이 넘은 나이로 사랑을 시작한 한 노년의 신사를 만났다. 이 노신사의 사랑은 가히 이십대 청춘에 못지않았다. 얼굴에는 웃음이 가득했고, 생기가 도는 힘 있는 말투는 예전 전성기 시절의 멋진 남성의 모습이었다.

그런 것 같다. 자신이 존재하는 것만으로도 누군가에게 기쁨을 줄 수 있다는 것, 단 한사람만이라도 자신을 사랑해준다면 무한한 에너지가 솟는 것, 그것이 어쩌면 삶의 의미가 아닐까 한다.

인간은 사회적 동물이고 인간은 집단 속에서 심리적 안정을 추구한다고 매슬로우는 주장했다. 하지만 인간은 집단(사회) 속에서 외로운 존재이고, 그러하기에 사랑의 가치는 더욱 빛나는 것이다. 사랑이란 인간이 외로움을 이겨내게 하는 가장 강력한 방어수단이기 때문이다.

하지만 삶의 가치가 사랑만으로 평가되는 것은 아니다. 사랑은 삶의 가치를 평가하는 데 분명 중요한 요소이지만 그것이 전부는 아니다. 사랑을 유지하고 존엄한 삶을 유지하기 위해서는 적당한 경제활동이 필요하다. 그리고 그것으로 발생하는 부가가치는 우리의 삶을 더욱 윤택하게 해주는 것도 사실이다.

현대인에게 삶의 가치는 오직 자본에 초점이 맞춰진 듯, 모두가 돈을 벌기 위해서 일한다고 한다. 하지만 이것은 틀린 것이다. 우리는 돈을 벌기 위해서 일하는 것이 아니라 삶을 영위하기 위해서 돈을 버는 것이다. 지금 이 순간 당신 삶의 가치는 무엇인지를 진지하게 고민해보길 바란다.

(2017. 4. 8.)

사진_ 조재성

분노, 알면 조절할 수 있다
−분노는 나의 이익을 위한 선택이다

미국의 사상가이자 시인인 랄프 왈도 에머슨(Ralph Waldo Emerson)은 "당신이 화를 1분 경험할 때마다 60초의 행복을 잃게 된다."는 말을 했다.

분노는 자신이 바라는 상태(DS: desired state)에 대한 실제 상태(AS: actual state)의 어긋남에서 시작된다. 쉽게 말해 자신의 기대보다 현재 상태가 나쁘거나 기대에 미치지 못할 때 발생하는 것이다. 분노는 외부 자극에 의해서 발생하는 것이지만, 그 분노를 선택하는 것은 개개인이다. 사람은 누구나 자신이 기대하는 기대치가 있고, 그 기대치에 다소 못 미치거나 벗어난다 하여 분노하지는 않는다. 전문가들은 이것을 '분노허용범위'라고 한다.

그런데 우리가 분노를 선택하는 것은 사실 자신의 이익 때문이다. 분노 감정을 사용함으로써 손쉽게 상대를 제압하기 위해서다. 여기서 알 수 있듯이 분노는 개인이 선택하는 것이다.

분노의 에너지는 매우 강해 잘만 활용한다면 긍정적 효과도 크다. 그것이 바로 열정의 원동력이 되기 때문이다. 하지만 적절히 조절하지 못하는 분노는 결국 타인과의 관계를 삼킬 뿐 아니라 자신을 삼키기도 한다.

분노의 순간 딱 3초만 쉼 호흡을 해보라. 당신이 가진 분노 감정의 절반은 사라지고 없을 것이다. 그리고 딱 한 번만 눈을 감고 스스로를 돌아본다면 분노는 언제 그랬냐는 듯이 사라지고 없을 것이다.

사실 자신이 바라는 상태(DS)는 자신의 욕심에서 비롯된 것이다. 그것은 타인에 대한 배려가 없는 개인의 욕구다. 그리고 타인에 대한 기대가 스스로의 욕구에서 비롯된다는 것을 기억해야만 한다.

자신이 타인의 기대로부터 자유롭고 싶듯이, 타인도 누군가의 기대로부터 자유로울 권리가 있다는 것을 인정한다면 분노의 감정은 훨씬 줄어들게 될 것이다. 타인의 입장에서 생각하고 행동한다면 아마 이 세상에는 전쟁이라는 단어도 없을 것이다.

이렇듯 인간은 분노로부터 자유로울 수 없다. 분노는 인간이 가진 4가지 기본 정서(기쁨, 화남, 슬픔, 공포) 중 하나이기 때문이다. 그러하기에 분노의 감정을 선택하고, 하지 않는 것이 더욱 중요한 것이다.

(〈경남신문〉 2017. 2. 18.)

사진_ 옥두석

트라우마, 그리고 외상 후 스트레스 장애

트라우마(trauma)란 원래 '사건' 자체를 뜻하는 것이지 반응에 대한 언급은 아니다. 〈정신장애 진단 및 통계편람〉에서는 트라우마를 실제적 또는 위협적인 죽음이나 심한 신체적 상해 또는 신체적 안녕에 대한 다른 위협을 포함한 사건으로 정의한다. 그리고 트라우마와 외상 후 스트레스 장애는 다르지만, 현실에서는 동일시하는 경우가 종종 있다.

트라우마가 외상, 즉 사건 자체의 언급이라면 외상 후 스트레스 장애는 그에 대한 반응을 의미하는 것이다. 그러기에 다른 의미로 사용되어야 한다. 또한 외상 후 스트레스 장애는 오랜 시간이 흐른 후에 갑자기 찾아올 수도 있고, 사건을 경험한 직후에 나타날 수도 있다. 깨어진 기억의 조각인 트라우마는 그 날카로움으로 피해자의 정신세계를 찌르거나 자르는 것이다. 또한 오랜 시간이 지나 외상 후 스트레스 장애나 트라우마성 신경증이 피해자 자신과 통합되는 경우도 있는데, 이런 피해자는 스스로 상담자를 찾거나 의사를 찾는 일이 드물게 된다.

트라우마 피해자에게 전문가의 조력이 필요한 이유는 트라우마로 인해 원래 할 수 있는 일을 피하고 느낄 수 있는 감정을 거부하며, 자신이 원하지 않는 삶을 살기 때문에 문제가 되는 것이다. 트라우마 치유의 관건은 단순히 트라우마를 말로서 표현하는 것이 아니라 피해자가 자신에게 통합된 증상을 끄집어내 의문을 갖게 하고, 자신의 삶에 대입시켜 맥락화해야 한다. 결국 이것은 트라우마 속에서 자신의 삶이 어떤 식으로 연루되어 있는지를 알아야 하는 것이다.

많은 전문가들은 트라우마를 치유하는 것이 아니라 극복하는 것이라고 한다. 이것은 상처난 곳을 치료해도 흉터가 남는 신체의 상처와 똑같은 원리다. 하지만 흉터의 크기와 모양 등은 어떤 치료를 받았는지에 따라 달라질 수 있다. 이것이 트라우마 피해자들이 전문가와 상담해야 하는 또 다른 이유다. 물론 사람에 따라 같은 사건을 경험하더라도 외상 후 스트레스 장애나 트라우마성 신경증이 오지 않는 경우도 있지만, 그들도 건강하고 밝은 삶을 위한다면 한 번쯤 전문가와 상담을 할 필요가 있다.

(〈경남신문〉 2017. 2. 1.)

사진_ 문상훈

정신건강장애 진단에도 독립이 필요하다

–DSM–5로부터의 독립, 한국형 진단기준의 필요성

현재 우리나라 정신건강장애의 진단기준은 크게 DSM–5와 ICD–10으로 분류할 수 있다. 하지만 사실상 미국정신건강의학회(APA)가 만든 DSM–5가 거의 대부분 사용되는 것이 현실이다.

정신건강장애 진단의 기준이 필요한 점은 당연한 것이고, 그리고 진단에는 반드시 근거가 제시되어야 하는 점도 너무나 당연한 것이다. 2013년 다섯번째 개정판이 나온 DSM–5에 대한 회의적 시각을 가진 국내 전문가들이 한두 명씩 늘어나고 있는 상황을 감안한다면 이제 우리도 한국형 진단기준의 마련

되어야 하지 않을까 생각한다.

물론 엄청난 비용과 많은 변화가 발생할 것이지만, 그것이 두려워 주저한다면 우리는 앞으로도 미국의 기준을 차용해야 할 것이다. 미국의 진단기준을 사용하는 것이 왜 문제인가라는 사람들도 있다. 문제는 분명히 존재한다.

한국과 다른 문화 환경, 그리고 그것이 만들어낸 정서적 차이, 또한 미국의 거대 제약회사들의 로비로부터 자유롭지 못하기 때문이다. 진단기준이 어느 한 자본세력의 이익을 위해 이용된다면 우리는 꼼짝없이 그것을 그대로 사용할 수밖에 없는 것이다. 이것이 한국형 진단기준의 필요성이다.

내 주장에 동의하지 않는 많은 전문가들이 있을 것이지만 그들도 알고 있을 것이다. 언젠가 대한독립만세를 외친 독립운동가처럼 우리에게도 그런 용기가 필요하다는 것을. 이제 정신건강장애 진단기준에도 독립이 필요하다.

(2017. 3. 1.)

불편한 진실

정신과의사이자 현실치료 상담이론의 창시자 윌리엄 글래서(William Glasser)는 《경고: 정신과 치료가 당신의 정신건강 치료에 피해를 줄 수 있다》(한국심리상담연구소, 2015)에서 정신과 약물치료의 부작용과 검증되지 않은 약에 대한 위험성을 경고했다. 나는 심리학 전공자이지만, 정신과의사의 약물사용에는 반대하지 않는다. 인간의 뇌는 상담과 기법만으로는 분명 한계가 존재하기에 말이다. 그것은 인간의 뇌에 약물이 미치는 영향을 인정하는 것이지, 결코 약물이 인간의 정신(마음)을 치유할 수 있다고는 생각하지 않는다.

많은 정신과의사들이 항우울제나 수면유도제 같은 약물에 대한 경고를 했다. 이율배반적이지만 그것이 그들의 양심인 것이다. 의사이든 상담치료자이든 두 부류의 전문가 집단의 공통 목적은 내담자(클라이언트/환자) 삶의 질 향상일 것이다. 그리고 그 두 집단의 차이는 약물을 사용하느냐, 이론에 근거한 기법을 사용하느냐이다.

지금 이 시간에도 많은 사람들이 약물을 사용하고 있다. 약물에 대해서는 문외한이지만, 이런 말을 하고 싶다. 어떤 약이나 어떤 물질이든 장기복용으로 의존성을 가진다면, 그것이 바로 '중독'이 되는 것이다. 중독은 또 다른 중독을 동반한다는 것을 경고한다.

(2017. 1. 30.)

경험이 아니라 경험에 부여한 의미
—아들러 이야기

"경험에 의해 결정되는 것이 아니라, 경험에 부여한 의미에 따라 자신을 결정하는 것이다."

—기시미 이치로 外, 《미움받을 용기》(인플루엔셜, 2014) 중에서

알프레드 아들러는 트라우마의 의미를 부정한다. 그는 인간의 삶을 목적론으로 해석했고, 목적에 따른 의미 부여가 우리 행동을 결정한다고 했다. 프로이트의 트라우마 이론이 원인론은 근간이라는 점에서 두 이론은 양립이론이라고 할 수 있다.

사실 어떤 이론이 맞다 틀리다고 말하기가 곤란하다. 하지만 나는 과거의 미해결 과제가 현재의 관계에 영향을 미친다는 쪽으로 무게를 두고 있다. 그것은 게슈탈트학파의 이론과

도 공통된다. 프로이트의 정신분석과 게슈탈트학파의 이론은 전혀 다른 이론이지만 몇 가지의 공통점을 가진다. 그중에 과거의 미해결 과제, 또는 사건(트라우마)이 현재 행동에 영향력을 미친다는 점이다. 이것은 결국 원인론적 입장의 시각이고 결국 나도 원인론을 따르고 있단 말이다.

하지만 아들러가 주는 메시지에 귀 기울일 필요가 있고, 그의 주장에 눈길이 가는 것은 나와 다른 시각에 대한 존중이다.

(2017. 2. 11.)

페이스북 권력의 상징 '좋아요'

–'좋아요'가 가진 권력의 의미

우리는 페이스북에 일상적으로 '좋아요'를 누르고 새로운 누군가와 페친을 맺는다. 이것이 가지는 페이스북 내의 권력형성과 그 의미를 말하고자 한다.

먼저 권력의 원천이 무엇이고 어떤 유형이 있는지 알아야 하지만 우리 행동을 분석할 수가 있다.

프렌치(F. French)와 레이븐(B. Raven)은 권력의 유형을 다섯 가지로 구분했다.

- 전문적 권력: 관련 지식과 기술을 기반함
- 준거적 권력: 개인적 동일시를 기반함
- 합법적 권력: 업무에 대한 공식적 권한을 기반함

• 보상적 권력: 보상의 영향력을 기반함

• 강압적 권력: 처벌권한을 기반함

이런 권력의 유형 중 우리가 흔히 누르는 '좋아요'는 어떤 권력의 의미를 포함하는 것일까?

나는 페이스북의 '좋아요'를 준거적 권력(referent power)에서 찾고 있다. 준거적 권력이란 영향력을 행사하는 사람에게 애정, 감탄, 충성심 등의 강력한 감정을 가지는 사람들이 리더를 기쁘게 하려는 욕망을 가질 때 생겨나기 때문이다. 이때 사람들은 리더에게 특별한 호의를 자발적으로 베풀고자 하고, 리더의 요구를 실행하고자 하는 의지를 가진다. 또한 가장 강한 준거적 권력은 '개인적 동일시' 과정을 거치는데 이는 영향력을 행사하는 사람(리더)의 동의와 인정을 얻기 위해서 영향력을 받는 사람은 리더의 요구를 수용하고 리더의 행동을 모방하며, 리더와 유사한 태도를 가지려 하는 것이다.

사실 우리가 무심코 또는 의도한 '좋아요'는 그것을 받는 사람의 권력을 한층 견고하게 하는 도구가 되어주고 있는 것이다.

제3의 법칙(the rule of three)이라는 심리학 법칙이 있다. 이것은 세 사람 이상이 한 가지 행동을 할 때 그 주변의 다수의 사람들은 아무런 상관도 없는 세 사람의 행동을 모방하게 된다는 것이다. 한두 명의 '좋아요'는 큰 의미가 없을 수 있다. 하지만 세 명 이상의 '좋아요' 는 포스팅을 한 사람에게 권력을 부여하는 첫걸음이 되는 것이다.

(2017. 3. 10.)

※ 그레이 유클(Gary Yukl), 《현대조직의 리더십 이론》(2013) 참조.

명품의 심리학
-결국 사용하는 사람의 몫

사람들이 명품을 사는 이유는 무엇일까? 사실 누구나 한두 개 정도 명품 브랜드를 가지고 있다고 해도 과언이 아닐 정도로 한국 사회는 명품을 선호한다.

서울대학교 소비자학과 김난도 교수는 최근 20~30대의 명품 소비 형태를 '환상형 소비'라고 정의했다. 이는 현실에서 만족하지 못한 자신의 모습에 명품을 손에 쥐는 순간 자신의 인생도 명품이 되는 것 같은 착각에 빠지기 때문이라고 설명한다. 쉽게 이야기해 비록 흙수저로 태어났지만 명품을 통해 일시적으로 자신을 상류층으로 신분을 상승시키는 도구로 사용된다는 것이다. 물론 소비심리학적 관점의 주장이지만 나름대로의 근거가 제시된 가치 있는 주장이라고 생각한다.

사실 나는 명품의 긍정성에 대해 조금 언급하고자 한다. 심리학 현상 중 피그말리온 효과 (pygmalion effect)라는 것이 있다. 자성적 예언, 자기 충족적 예언이라고도 한다. 그리스 신화에 나오는 키프로스의 조각가 피그말리온(Pygmalion)의 이름에서 유래한 심리학 용어다.

〈필자의 소지품〉

조각가였던 피그말리온은 아름다운 여인상을 조각하고, 그 여인상을 진심으로 사랑하게 된다. 여신 아프로디테(Aphrodite, 그리스신화의 비너스)는 그의 사랑에 감동하여 여인상에게 생명을 주었다. 이처럼 타인의 기대나 관심으로 능률이 오르거나 결과가 좋아지는 현상을 피그말리온 효과라고 한다.

심리학에서는 타인이 나를 존중하고 나에게 기대하면 그 기대에 부응하기 위해 노력한다는 의미다. 특히 교육심리학에서는 교사의 관심이 학생에게 긍정적인 영향을 미치는 심리적 요인이 된다. 이처럼 타인의 시선으로부터 인간은 자유롭지 못하다. 이것은 매슬로의 욕구이론으로 설명이 가능한데 우리가 타인으로부터 인정받고자 하는 것을 '존경욕구(Esteem Needs)'라고 정의했다.

물론 알프레드 아들러(Alfred Adler)는 이런 현상을 열등 콤플렉스(inferiority complex, 우리나라에서는 '열등감'이라고 잘못 번역하기도 함)라며, 타인의 시선으로부터 자유롭지 못한 삶은 진정한 자신의 삶이 아니라고 주장을 한다.

누구의 주장이 맞고 누구의 주장이 틀렸다라고 말할 수는 없다. 하지만 사실 명품을 사용하는 사람에 따라 그 효과는 달라질 것이다. 긍정의 기대효과를 일으킬지 그저 열등 콤플렉스에 의한 자랑이 될지는 명품을 사는 개인 스스로의 몫인 것이다.

(〈경남도민일보〉 2017. 2. 17.)

글을 쓴다는 것은 언제나 두렵다
–두려움을 이겨내지 못하면 아무것도 할 수 없다

나는 지난해 약 150여 편의 글을 썼다. 신문사의 칼럼과 논문, 한 권의 저서와 번역서를 출간했다. 그리고 이곳저곳에서 청탁받은 글을 썼고 강연도 했다.

한 신문사의 기자는 내게 이런 말을 했다.

"박 선생님은 참 글을 쉽게 잘 쓰십니다."

웃어 넘겼지만, 속마음은 그러하지 못했다.

"글을 쓴다는 것은 언제나 두렵다."는 장석주 시인의 말처럼 나도 글을 쓰기 위해서 컴퓨터 한글 파일을 열고 처음 맞이하는 백지 상태의 화면을 보는 것에 대한 두려움은 있다. 특히 주제를 정하지 못했을 때 생기는 두려움은 글을 쓰는 것 자체를 회피하게 만든다.

나는 칼럼을 쓰는 칼럼니스트이고, 박사과정에서 심리학을 공부한 심리학자다. 글과 늘 친한 생활을 해서 그런지 텍스트 자체에 대한 거부반응은 없지만, 창작에 대한 창의성이 부족해 늘 허덕이는 것이다. 때로는 오랜 공부기간과 다양한 경험이 글쓰기를 가로막기도 한다. 무엇인가 한 가지 주장을 하려 하면 그에 반대되는 주장이 이미 내 머리를 지배해버리기 때문이다.

요사이 보는 장석주의 《글쓰기는 스타일이다》(중앙북스, 2015)라는 책은 내 두려움을 더욱 배가시키고 있다. 그 책에서 작가는 늘 가난하고 배고픈 존재이고, 심지어 영양실조로 삶을 끝낸 작가의 이야기도 하고 있다. 그 이야기에 매우 공감하기에 또 한 번의 두려움을 경험한다. 사실 작가가 되는 것 자체도 매우 어렵지만, 작가가 되어도 늘 가난과 싸워야 하고, 그 가난이 주는 영혼의 무게가 글로 승화될 때 진정한 작가가 된다는 선인들의 말의 의미를 짐작할 수 있기에 말이다.

나는 늘 욕망했다. 글쟁이로 살아가는 것을, 그리고 시대의 비평자로 살아가는 것을 말이다. 이런 욕망은 나로 하여금 두려움을 잊고 펜을 들게 하는 용기를 준다. 하지만 늘 두렵고 힘들다. 내 글이 세상에서 받을 평가와 그들의 조롱을 이겨

낼 힘이 아직은 부족하기에 말이다. 하지만 두려움을 이겨내지 못한다면 글은 신변잡기에 불과할 것이다. 결국 나 혼자만 읽는 글일 것이다. 그래서 나는 말하고 싶다. 두려움은 어쩌면 당연한 것이다 하지만 두려워서 시작하지 못한다면 당신은 아무것도 얻을 수 없고 이룰 수 없을 것이다.

이 순간 "인간은 실패를 통해 성장한다."라는 아들러의 말이 떠오른다. 타인의 평가와 조롱을 두려워하지 말고, 자신만의 글쓰기를 계속한다면, 당신은 작가의 꿈을 이룰 수 있을 것이다.

(2017. 3. 19.)

Part_3

희망코리아

우리는 성숙한 민주시민이다

—우리가 싸울 대상은 정치세력과 자본세력이다

한 가지 가설을 세워보자.

나는 꽤 괜찮은 기업의 중간책임자다. 내 파트에는 다섯 명이 근무하고 있고, 그중 정규직은 단 한 명이다. 정규직, 계약직, 파견직(용역직)으로 구성된 다섯 명의 직원들은 서로 직군이 다른 사람들이 한곳에서 비슷하지만 각자 다른 자신의 업무를 하고 있다.

이 가설은 사실 우리 사회 대기업의 한 단면을 이야기한 것이다. 그리고 이 파트는 우리 사회의 슬픈 현실을 그대로 보여주고 있다.

대부분의 대기업은 생존을 위해 이처럼 계약직 근로자들을 채용한다. 그리고 비용절감의 이유로 일부 업무에 대해서는 아웃소싱을 한다. 개인적으로는 기업의 연속성과 기업의 사회적 역할을 감안한다면 일부 직원의 비정규직 채용에 찬성한다. 물론 차별이 없다는 원칙적인 전제조건하에서 말이다.

문제는 여기서 발생한다. 차별을 바라보는 시각의 차이가 바로 문제인 것이다. 정규직의 입장에서는 당연한 권리가 비정규직에게는 당연하지 않다는 것, 그리고 그것을 너무나 당연히 생각하는 사회 구성원과 그것을 이용하는 것이 기업이다.

여기서 의문이 생긴다. 과연 기업은 생존을 위해 비정규직을 늘여가는 것인가? 기업의 사회적 책무는 존재하지 않는 것인가? 우리는 지금 사회를 '헬조선'이라 하는 청년들의 외침을 언제까지 듣지 못하는 척 할 것인가?

기업들의 사내 유보금은 지속해서 늘어가고 있고, 투자와 채용은 그 속도가 더디기만 하다. 그리고 일부 재벌은 비리권력과 결탁해 검찰의 수사를 받고 있고 구속된 사람도 있다. 대통령 선거 직전인 지금은 국민의 눈치를 보며 검찰이 수사할 것이고, 대선 결과에 따라 그 수사의 결과가 달라질지도 모른다.

어쩌면 정치세력과 자본세력은 정규직과 비정규직을 계속 유지하려 할 것이다. 그리고 차별을 당연시하는 문화를 조장하려 할지도 모른다. 그 이유는 매우 단순하다. 그들은 그들이 통치해야 하는 대상인 대다수의 서민들이 힘을 가지는 것을 두려워하기 때문이다. 국민이 힘을 가지는 것을 두려워하는 그들은 계속해서 진보와 보수, 영남과 호남, 정규직과 비정규직 등으로 갈등을 부추기고 그것을 이용해 자신들의 권력을 유지할 것이다. 그리고 매우 순진한(?) 아니 바보 같은 국민은 자신의 권리를 주장하며 진보를 지지할 것이고, 보수를 부르짖을 것이며, 자신이 소속된 집단의 이익을 위해 정의는 내팽개칠 것이다.

"모든 민주주의는 그 국민 수준에 걸맞은 정부를 가진다."는 의회민주주의 선진국인 영국의 속담이다. 이번 대선에서 우리는 또다시 분열하고 갈등할 것이다. 우리가 촛불을 들고 거리로 나왔던 이유를 잊지 마라. 우리는 비폭력과 제도로 권력을 이양한 성숙한 민주시민이었다. 또 다시 정치세력과 자본세력의 바보 같은 국민이 되지 않아야 한다.

갈등은 이제 그만두어야 한다. 지금의 우리는 너무나 위태롭다.

지금 우리에게 필요한 것은 어쩌면 도널드 트럼프(Donald Trump) 같은 미국 대통령일지도 모르겠다. 적어도 그는 미국의 이익, 즉 국민의 이익을 위해 싸우고 있기 때문이다. 그의 방식이 거칠고 세련되지 못한 것은 사실이지만 지금 우리나라에서는 국민의 이익을 위해 싸우는 그런 리더가 필요한 것이다. 우리의 이익을 위해 다른 정치세력이나 자본세력과 싸워줄 강하고 힘 있는 리더가 필요한 것이다.

(2017. 3. 14.)

비난과 비판

국어사전상 비난은 "남의 잘못이나 결점을 책잡아서 나쁘게 말함"을 의미하고, 비판은 "사물의 옳고 그름을 판단하여 밝히거나 잘못된 점을 지적함"을 의미한다. 하지만 우리 사회에서는 비난과 비판을 구분하여 사용하는 것이 매우 드물다.

언론매체나 전문가들의 건전한 비판은 좌익 세력으로 몰리게 되고, 정치인들의 정적을 향한 공격은 도를 지나친 비난으로 변질되어 가고 있다. 사정이 이렇다 보니 우리 사회의 구성원들조차 비판이 아니라 주로 비난을 사용한다.

비난은 상대에 대한 인신공격이고 인간존엄에 대한 상처를 주는 것이다. 하지만 비판은 상대와 나의 건강한 발전을 위해 하는 것이다. 그러기에 비판은 몇 가지 요건을 갖추어야 한다.

첫째, 사실에 근거한 논리적(이성적)이어야 한다.

둘째, 시사성을 가지고 상대와 나를 발전적 방향으로 이끌어야 한다.

셋째, 비판에는 품격이 있어야 하고, 문제에 대한 대안도 제시되어야 한다.

넷째, 비판은 합리적 논리가 적용되어야 한다.

일방의 감정이나 이익을 대변하는 것이 아니라는 점이 내가 생각하는 비판이다.

나 역시 이런 원칙을 지키고자 노력한다. 이런 비판적 사고는 우리 사회의 중심이 되어주기도 하고, 한쪽으로 기울어져버린 국민감정의 무게를 바로 잡아주는 역할을 하기도 한다. 자신의 생각과 다르다 하여 타인의 생각을 비난하는 것은 일종의 열등의식이자, 내면의 불안이 만들어내는 행위다. 우리는 이것을 인식하고, 나와 다른 생각에 대한 존중과 민주주의가 가지고 있는 다양성의 원칙과 개인의 독립성을 인정하여야만 한다.

자신만이 생각과 표현의 자유를 가진 것이 아니라 사회구성원 모두가 그런 권리를 가졌다는 것을 우리는 인식해야 한다.

나와 같은 칼럼니스트(사회평론가)들이 전부 옳을 수는 없다. 하지만 그들의 목소리에 귀 기울여야 하는 것은, 우리 사회의 건전한 비판적 시각을 만들고, 자신과 다른 생각에 대한 정보를 얻을 수 있기 때문이다. 이것은 단순한 정보의 취득이 아니라 자신을 다시 한 번 돌아볼 수 있는 계기가 된다. 지금부터 당신과 다른 생각에 대한 존중을 시작해 보라, 당신은 적이 아니라 훌륭한 친구를 가지게 될 것이다.

(〈경남도민일보〉, 2017. 1. 29.)

성공한 리더의 추락
–밧세바 신드롬, 지도층의 윤리의식 문제

이스라엘의 왕 다윗은 자신의 부하장군의 아내 밧세바를 취하려고 부하를 죽음으로 내몬다. 이 이야기를 바탕으로 만들어진 리더십 이론이 있다. 그것은 바로 '밧세바 신드롬(Bathsheba Syndrome, 사회지도층의 도덕성 결핍증)'이다.

이 신드롬은 주로 사회지도층의 성(性) 스캔들에 인용되지만, 사실 이 이론은 권력의 정점에 오른 사회지도층의 윤리적 타락을 표현한다. 리더 자신이 모든 결과를 통제할 수 있다는 과도한 자신감이 현실감각을 잃어 파국으로 치닫는 결과를 가져오고, 높은 성취로 말미암아 자신에게는 윤리적 기준이 적용되지 않는다는 착각에 빠진다는 의미다.

사실 한국 사회에서 사회지도층의 도덕성 문제는 한두 번이 아니다. 지금의 탄핵 정국을 만든 대통령, 그리고 '땅콩 회항사건'의 조현아, '라면 상무' 등 언론에 공개된 사건만 해도 한둘이 아니다. 우리 사회가 성공한 리더에게 요구하는 도덕적 · 윤리적 기준을 이겨내지 못해 생긴 유명한 사건도 있다. 그것이 바로 2014년에 일어난 제주검사장의 공연음란죄 사건 같은 것이다.

나는 한국 사회의 밧세바 신드롬 원인을 교육 욕구에 있다고 본다. 이것은 공교육만의 잘못은 아니다. 그것은 바로 개개인이 가지는 일그러진 성공에 대한 갈망이 오직 학습하는 기계만을 만들어내는 부모의 잘못이 큰 것이다. 혹시 우리 아이가 뒤처질까 하는 불안심리와 부모 자신의 실패한 삶에 대한 보상심리가 작용한 것이다. 이렇듯 맹목적인 학습 열기는 오직 공부 잘하는 아이를 생산하고, 그 아이가 성장해 우리 사회의 지도층 인사가 되기에 도덕성 결핍의 문제가 발생하는 것이다.

지금부터 내 아이만이라도 맹목적인 학습이 아니라 인성, 윤리, 역사를 가르쳐야 한다. 서민의 아픔을 공감하지 못하는 지도층 때문에 힘들어하고 상처받는 것은 결국 다수의 선량한 국민이기에 말이다.

끝으로 사회지도층의 윤리문제와 도덕성을 질타하기 전에 지금 나의 도덕성과 윤리적 문제는 없는가 하는 자기반성의 시간도 필요하다.

(〈경남도민일보〉 2017. 2. 12.)

좋은 리더 vs 나쁜 리더

-자율성을 보장할 때 부하는 성장한다

좋은 리더는 열심히 일하지 않는다. 단지 부하직원의 가치를 인정하고 부족한 점을 보완하는 것뿐이다. 그것이면 충분하다. 하지만 나쁜 리더는 열심히 일하고 그것을 부하직원에게까지 강요한다. 그렇게 부하직원을 괴롭히는 것이다.

좋은 리더는 시범을 보여주고 정확하게 업무를 지시한다. 그리고 부하직원의 자율성을 보장해 그들의 능력을 맘껏 펼칠 수 있도록 하는 것이다. 하지만 나쁜 리더는 그 일을 같이한다. 그렇게 무언의 압박을 통해 부하직원의 자율성을 빼앗는 것이다.

좋은 리더는 정시에 출근하고 정시에 퇴근한다. 이를 통해 부하직원의 출근시간과 퇴근시간을 보장해주는 것이다. 하지만 나쁜 리더는 일찍 출근하고 늦게 퇴근한다. 자신의 출세를 위해서부하직원의 삶은 생각하지도 않는 것이다.

좋은 리더는 형식에 얽매이지 않는 소통을 한다. 그것이 SNS나 티타임, 그리고 퇴근길 지하철 안에서도 말이다. 하지만 나쁜 리더는 소통을 빙자한 회의를 한다. 그리고는 자신의 생각을 부하직원에게 인정받고자 한다.

좋은 리더는 회식이 아닌 식사자리를 만든다. 그 자리에서는 업무 이야기가 아니라 사적인 대화를 통해 유대감을 형성한다. 하지만 나쁜 리더는 부하직원의 의사와 관계없이 회식을 한다. 그리고 술을 강요하고 술자리는 2차, 3차로 이어진다.

좋은 리더는 항상 자신이 부족하다 생각하고 끊임없이 노력한다. 하지만 나쁜 리더는 자신이 나쁜지 모른다.

(2017. 2. 10.)

대기업이 아니라 재벌이 사라져야 한다

-노블레스 오블리주가 사라진 한국

한국 경제를 생각한다면 대기업은 계속해서 양성하고 지원해야 한다. 글로벌 환경에서 중소기업의 역량으로 지속가능한 경쟁은 사실상 힘든 싸움이다. 그러기에 대기업이 필요한 것이다. 물론 그런 대기업의 경쟁력 강화를 위해선 작지만 강한 중소기업(강소기업)의 존재는 필수적일 것이다.

문제는 대기업은 필요하지만 재벌은 필요 없다는 것이다. 재벌은 기업의 이익을 직원이나 우리 사회와 공유하지 않는다. 대기업이 높은 연봉을 주는 것 같지만, 사실 그들의 수익에 비해서는 결코 많지는 않다. 대부분의 이익은 결국 재벌의 사익이 되는 것이다. 이러하기에 한국에서 사라져야 할 것은 대기업이 아니라 재벌이다.

따져보면 재벌 자체가 나쁜 것은 아니다. 단지 재벌에게 부여된 사회적 · 윤리적 · 도덕적 책무를 회피하는 것이 고질적인 문제다. 기업의 지속가능성을 무기로 내세운 그들은 약자(구성원)와의 이익분배를 사실상 거부하며 그 이익을 그들이 독식하고 있다.

이것이 한국 재벌이 사라져야 할 이유다. 물론 그동안 한국 사회에 재벌이 기여하고 이끌어낸 발전을 부정하지는 않는다. 하지만 그것뿐이다. 부정하지도 않지만 그렇다고 칭찬하고픈 마음도 없다. 왜냐하면 그들이 그렇게 성장하고 발전할 수 있었던 것은 그 구성원의 희생을 발판으로 삼았기에 말이다.

노블레스 오블리주(noblesse oblige)는 고귀한 신분인 귀족과 책임 있단 의미의 단어가 합쳐져 만들어진 말이다. 즉 고귀한 신분에 따르는 도덕적 의무와 책임이 있다는 의미를 뜻한다. 우리 사회에는 노블레스 오블리주를 실천한다고 자신 있게 말할 수 있는 지도층이 과연 얼마나 될까?

21세기 대한민국은 세계 경제규모 10위권 안의 경제대국이다. 하지만 우리 사회 구성원의 도덕성과 윤리의식의 부재는 비단 재벌만의 문제는 아닐 것이다.

간절히 소망한다.

우리의 아들딸들이 지금보다 더 좋은 세상에서 살 수 있기를.

(2017. 2. 15.)

사진_조재성

삼성 이재용 부회장 구속의 의미
-경제를 담보한 성숙한 민주주의의 선택

대한민국에서 삼성은 하나의 기업 이상의 의미를 가진다. 79년 역사의 삼성은 그동안 수많은 의혹과 스캔들 속에서도 총수의 구속만은 면해왔던 터라 국민에게 왜곡된 자본주의의 표상으로도 인식되고는 했다. 그런 삼성가 오너의 구속이 주는 의미는 우리 사회가 한 단계 성숙한 민주주의로 발전해 나가고 있다는 것을 말해준다. 원칙이 존중받고 법 앞에서는 누구나 평등하단 것을 보여준 것이다.

분명 이재용 부회장의 구속은 단기적으로 삼성이나 국가 경제에 미치는 영향이 있을 것이다. 하지만 그의 부재가 장기화된다고 해서 흔들리는 삼성이라면, 어쩌면 그의 구속이 아닌 다른 이유로 망할 것이다. 기업은 시스템화된 조직이다. 한 사람의 부재가 조직의 운명을 결정할 정도라면 그 조직은 결코 건강하지 못한 조직인 것이다. 그러므로 삼성은 다시 도약하고 성장하기 위한 성장통이라고 생각해야 할 것이다.

나는 우리 사회의 원칙이 바로 서고, 법의 준엄함이 바로 선다는 점에서 이번 구속의 의미를 찾고자 하는 것이다. 미국의 트럼프는 자국보호주의를 주장하고, 일본의 아베는 지속적으로 한국경제와 외교를 압박하고 있으며, 북한은 미사일을 발사하고, 최고 권력자의 형제는 암살당했다. 이런 상황에서도 우리는 경제를 담보한 민주주의의 성숙을 선택한 것이다. 우리가 포기한 경제적 가치보다 우리가 선택한 민주주의 가치가 더 큰 것이라면, 우리는 이번에 실시하는 대통령 선거에서 보다 강력한 리더십을 가진 대통령을 선출하여야 할 것이다.

글로벌 환경이 우리를 압박하고 위기로 몰아가고 있지만, 강력한 리더십을 가진 지도자는 우리를 위기에서 구해줄 것이다. 그리고 삼성 이재용 부회장의 구속은 장기화되지는 않아야 할 것이다. 그의 구속이 주는 의미만으로도 삼성이 받은 교훈은 이미 충분하다. 그의 석방이 또 한 번 삼성과 한국 경제의 성장을 이끌어갈 것이라 믿기에 말이다.

(2017. 2. 18.)

용서받을 수 없는 그들의 관계
-박근혜 대통령과 최순실

애착이란 양육자나 특별한 사회적 대상과 형성하는 친밀한 정서적 관계를 말한다. 애착 이론은 영국의 정신과의사 존 볼비(John Bowlby)와 미국의 심리학자 해리 할로(Harry Harlow)의 선구적인 연구 덕분에 발달심리학 분야에서 활발히 연구되었다. 또한 미국의 발달심리학자 메리 에인스워스(Mary Ainsworth)는 아동이 보이는 애착의 개인차에 대해 대표적인 연구를 수행했고, 생애 초기 부모와 애착관계는 이후 대인관계의 질을 예측하는 선행 변인으로 작용하는 것으로 수많은 연구에서 밝혀졌다.

애착은 발달심리학뿐 아니라 응용심리학 영역에서도 매우 중요한 개념으로 인정받고 있다. 어린 시절의 애착에는 안정성과 다양성이 있으며, 많은 애착 이론가들은 애착의 본질에 대한 심리적 기제를 밝히는 데 많은 노력을 기울여왔다.

그들은 아마 잘못된 애착관계를 형성했을 것이다. 특히 그녀는 아버지와 어머니를 얼마 되지 않은 시간차로 잃었고 그 과정 또한 상당히 충격적이었다. 그 기간에 그녀를 지지해준 누군가는 분명 그녀와 특별한 애착관계를 형성했을 것이다. 그리고 그 과정의 반복을 통해 심리적으로 종속되는 현상이 일어났을 것이다. 또한 그녀는 그 애착 대상에 대한 분리불안을 경험했을 것이고, 그것으로부터 벗어나고자 할 때마다 더욱 강하게 종속되었을 것이다. 이것이 그들의 관계일 것이라

사진_ 옥두석

짐작해 본다.

물론 나의 가설이 잘못되었을 수도 있다. 하지만 지금까지 밝혀진 사실을 토대로 전문가의 한 사람으로서 이야기한 것이다. 지금 이 순간 매우 민감한 이야기를 하는 이유는 '죄는 미워하더라도 사람은 미워하지 말라'는 말을 하고 싶어서다. 그녀도 나도 인간일 뿐이고, 우리는 어쩔 수 없는 존재이기에 말이다.

인간은 누구나 심리적 안정을 추구한다. 그리고 그 과정이나 방법이 잘못되더라도 인지하지 못하는 것이 대부분이다. 그 누구라도 그런 선택을 할 수 있었단 이야기다. 그렇다 하더라도 분명 그녀의 잘못이 용서될 수는 없다. 그녀는 책임 있는 자리에서 책임 있는 행동을 하지 못했기에 말이다.

(〈경남도민일보〉 2017. 2. 26.)

사진_ 옥두석

탄핵을 지켜보다

우리 헌법의 수호다.

탄핵은 이루어졌다.

이것이 극단적 갈등의 요인이 될지, 성숙한 민주주의의 성장이 될지는 미지수다.

하지만 분명한 점은 이것이 국민의 뜻이고, 우리 헌법의 수호이다.

부디 내 아들은 더 좋은 세상에서 살 수 있기를 바란다.

(2017. 3. 10.)

사진_ 옥두석

피청구인 대통령 박근혜를 파면한다
–헌법재판소의 결정을 존중하는 것이 민주주의다

"피청구인 대통령 박근혜를 파면한다."

2017년 3월 10일 오전 11시 21분경 헌법재판소는 다음과 같은 주문을 결정했다.

지난 대통령들의 은퇴 후는 그리 순탄치 못했다. 지금껏 무사히 넘어갔다고 말할 수 있는 대통령은 아이러니하게도 불통의 대명사 명박산성의 주인공 이명박 전 대통령뿐이다.

우리가 헌재의 결정을 존중하고 갈등이 아닌 화합의 메시지로 받아들여야 하는 이유가 바로 전임 대통령들의 은퇴 후 모습을 통해서 알 수 있다.

나는 보수정당의 우세 지역에서 태어나 성장했고, 대부분의 인생을 영남에서 보냈다. 그런데도 불구하고 헌재의 결정을 존중하고 받아들여야 한다고 주장하는 것은 탄핵 과정에서 우리 국민의 성장을 볼 수 있었기 때문이고, 쿠데타나 암살 같은 정란이 아니라 법치에 의한 파면이기 때문이다.

우리는 민주주의 국가에서 살고 있고, 우리의 민주주의는 법률에 의해서 운영된다. 그런 우리가 법률의 최상위 법인 헌법과 헌법을 심판하는 헌법재판소의 결정을 존중하지 않고 불복한다면, 보수가 정권을 재창출한다 하더라도 그것은 반복될 것이다. 분명 보수는 패했고, 그것을 부정하는 순간 보수는 보수다움을 잃은 폭도가 되는 것이다.

나는 소망한다. 보수의 가치가 다시 한 번 대한민국에서 밝게 빛날 수 있기를, 그리고 진보의 급진적 성향이 보수를 건강하게 견제할 수 있기를 말이다.

우리 대한민국은 법치주의 국가다. 법치는 헌법과 법률에 의해 운영되는 것이다. 헌법과 법률의 위반 여부는 법원과 헌법재판소가 판단한다. 이것이 법치다. 우리는 그 결정을 존중하고 받아들여야 하며 그것이 민주주의 국가를 살아가는 우리의 자세가 되는 것이다.

끝으로 성난, 그리고 좌절한 보수들에게 부탁하고자 한다. 최선을 다하고 결과에 승복하는 것이 다음을 위한 행동이 되는 것이다. 그리고 그것이 성숙한 시민의 자세인 것이다.

(2017. 3. 11.)

사진_ 문상훈

그녀의 퇴장이 주는 의미
–웃으며 떠나는 그녀를 욕하지 마라

웃으며 퇴장하고, 결과에 승복하지 못하는 그녀를 보며 많은 사람들이 비난한다.

하지만 나는 비난이 아니라 비판을 하고자 한다. 그녀의 웃음은 최고지도자로서 품격을 유지하기 위한 노력이라면, 헌재의 결정을 불복하는 듯한 그녀의 메시지는 결코 최고지도자의 모습은 아니다.

이유 불문하고 그녀는 최고지도자로서 모습을 보이지 않았다. 특검과 검찰의 수사를 거부했고 헌재의 결정마저 부정하려 한다면, 그녀가 지키고 수호해야 할 헌법과 법률은 무엇이란 말인가? 훗날 역사가 지금의 탄핵이 잘못된 것이라 평가한다 하더라도, 지금 그녀의 모습은 분명 최고지도자의 모습은 아니다.

자격 없는 자에게 우리는 우리의 운명을 맡긴 것이었다. 슬프다 말하지 말자. 이 모든 것은 국민의 선택이었고 그 결과도 우리가 져야 한다. '나는 선택하지 않았다, 나는 다른 이를 선택했다'라며 그녀를 비난하는 사람들아 당신들의 잘못이 더 크다. 이런 그녀보다 당신들이 약했기 때문에 그 잘못도 큰 것이다. 회피하려 하지마라.

처음부터 지금까지 우리 모두의 선택이고 우리 모두의 짐이다. 하지만 실망하지 말자. 우리는 모든 권력은 국민으로부터 나온다는 것을 현실로 보여준 성숙한 민주시민이다.

이제 갈등은 끝내고 글로벌 위기 속의 한국을 이끌어갈 강력하고 실력 있는 지도자의 등장을 염원해보자.

(2017. 3. 12)

도를 넘는 비난

극좌와 극우, 그들은 결국 똑같다.

나는 박근혜 전 대통령을 지지하지 않는다. 이것은 분명한 사실이다.

하지만 그녀의 구속에 도가 지나친 비난성 글을 SNS에 올리는 일부 야당 지지자들을 보며 이런 생각이 든다.

"국민이 박근혜를 대통령으로 선출한 것은 사실 박정희 전 대통령에 대한 향수다. 그리고 지금 문재인이 지지받는 가장 큰 이유는 노무현 전 대통령의 향수다."

분명 문과 박 두 사람은 다르다.

하지만 지지자들이 이 두 사람을 지지하는 이유는 똑같아 보인다.

하지만 두 사람을 지지하는 사람들은 비슷해 보인다. 그리고 그들은 분명 서로가 다르다 말할 것이다.

그렇게 말하는 순간 그들은 똑같은 사람임을 그들은 모른다.

이런 주장에 또 많은 사람들이 나를 비난하고 공격해올 것이다. 하지만 그들의 공격이나 비난의 정도만큼 나의 주장에 무게가 실리는 것임을 그들은 또 모를 것이다.

사진_ 조재성

끝으로…

비판은 비난과 다르다.

비판은 품격 있게 하라.

비난은 단지 인격에 대한 모독이고 인간 존엄을 해칠 뿐이다.

비난하는 자는 결국 그 비난의 무게를 돌려받을 것이다.

이것이 우리의 수준이고 실체다.

(2017. 3. 31.)

여론조사의 함정

통계를 통한 여론조사는 예측과 판단의 대표적 근거로 사용된다. 때로는 유권자가 사표방지를 위해 자신의 표를 여론조사 우세의 후보를 지지하기도 한다. 그런 의미에서 여론조사는 매우 중요하지만 여기에는 함정이 있다.

여론조사에서 가장 중요한 것은 표본이 모집단을 대표할 수 있는가와 표본의 크기다. 표본의 크기는 여론조사 기관에서 잘 알아서 하고 있기 때문에 큰 문제는 없다. 사실 사람들의 생각과 달리 통상적으로 5퍼센트의 모집단이면 충족하고, 그리고 대규모 집단의 경우 최소 500명이면 여론조사는 가능하다.

그럼 나머지 하나인 표본이 모집단을 대표할 수 있는가가 문제인데, 이것이 문제가 되는 경우가 대부분이다. 1936년 미국 대선 여론조사와 실제 결과의 괴리가 '표본의 대표성'이 얼마나 중요한지를 보여준 단적인 사례다. 여론조사는 공화당의 앨프레드 랜던(Alfred M. Landon)이 57퍼센트의 지지로 민주당의 프랭클린 루스벨트를 이긴다는 것이었는데, 실제로는 루즈벨트가 61퍼센트의 득표로 승리했다. 이는 표본이 잘못 추출된 대표적 사례로, 주요 원인이 당시 전화를 가지고 있거나 자동차를 보유한 사람들 위주의 여론조사를 실시했기 때문이다. 그들 대부분은 부유층으로 공화당을 지지하는 사람들이었다.

그리고 신뢰수준 95퍼센트 ±3퍼센트의 의미를 살펴보자. 이는 95퍼센트 신뢰할 수 있는 조사란 의미가 아니라 같은 방식의 조사를 100번 하면 95번 같은 결과가 나온다는 말이다. 그리고 ±3퍼센트는 만약 지지율이 50퍼센트라고 가정할 때 지지율의 범위가 47~53퍼센트 사이란 의미다.

사실 여론조사는 왜곡된 결과를 가져 올 수 있다. 물론 과학적이고 통계적인 방법을 잘 사용 한다면 정확한 예측을 할 수 있지만, 현실에서는 각자의 이익을 위해 여론조사를 왜곡 시킬 수 있기 때문이다.

그러하기에 여론조사의 결과를 보고, 자신이 지지하는 후보가 당선 가능성이 낮다 해서, 당신의 권리가 의미 없는 행동이 되는 것이 두려워, 당선 가능성 있는 후보를 지지해서는 안 된다. 끝까지 자신의 신념과 판단을 믿고, 스스로의 결정을 지켜나가길 바란다.

(2017. 4. 10)

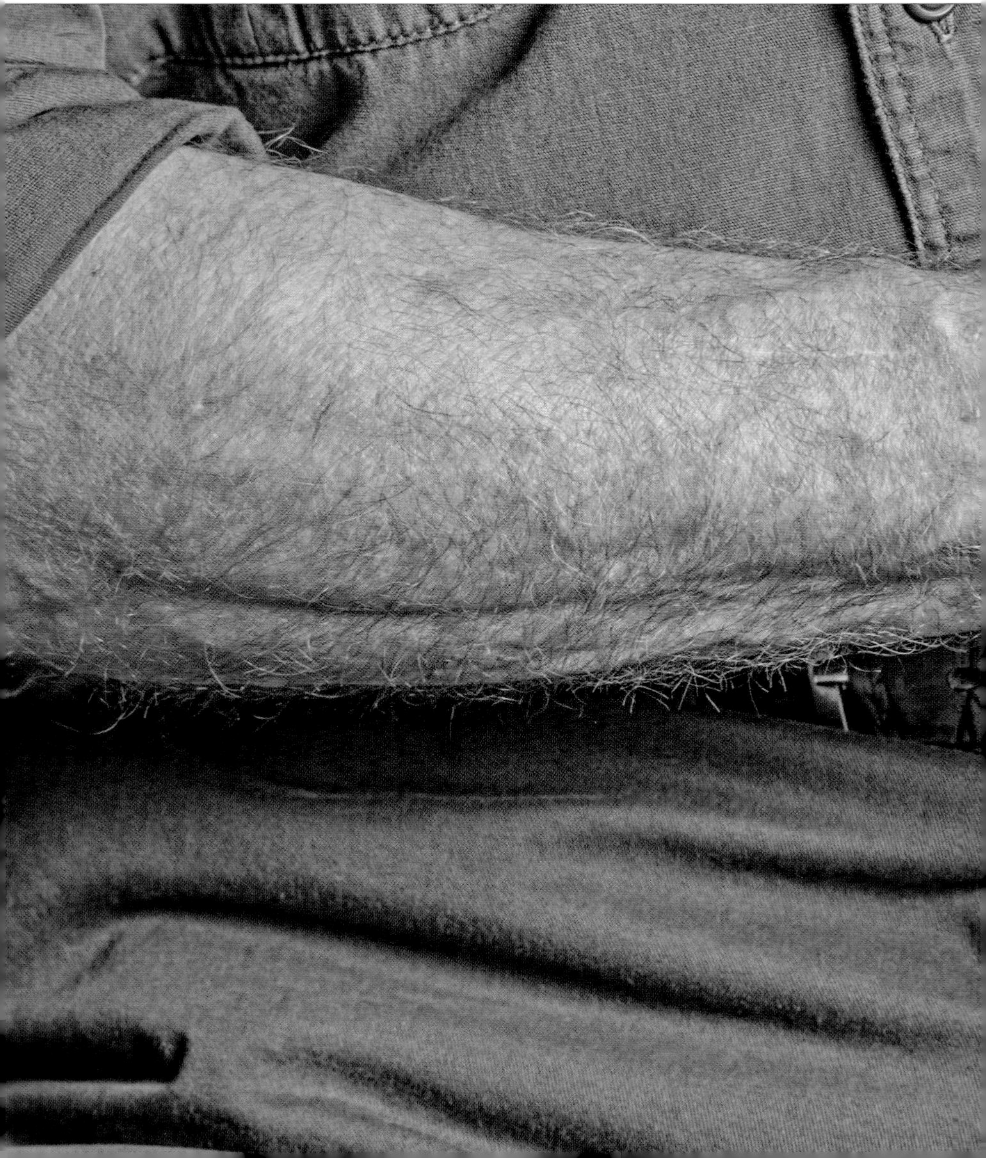

Part_4
나이 듦에 대하여

나이 듦에 대하여

-비겁한 자기합리화일 뿐

사람들은 나이를 먹을수록 이성적으로 변한다고 믿는다. 사실은 그것은 자신만의 착각이다. 우리는 나이를 먹을수록 이성적으로 변하는 것이 아니라, 그저 자신의 무능함을 변명해 주는 능력이 더 커지는 것뿐이다.

나이를 먹을수록 꿈은 크게 가지고 두려움은 잊는 것이 좋다. 하지만 대부분의 사람들은 나이를 먹을수록 꿈은 작아지고 두려움은 커진다. 그것이 이성적이고 현실적이라 말하지만, 사실은 틀렸다. 그렇게 말하는 이유는 지금 꿈을 위해서 아무것도 하지 않고 있기 때문이다.

사실 걱정은 가만히 있을 때나 하는 것이다. 그리고 우리는 그것을 이성적 판단이라고 말한다.

하지만 그것은 '비겁한 자기합리화'일 뿐이다.

꿈을 크게 가지고 머리로 계산하지 않고 행동으로 실천한다면, 꿈으로 가는 길은 한결 가까워질 것이다. 행동하지 않은 당신의 꿈은 그저 헛된 메아리가 될 뿐이다. 자신의 똑똑한 머리로 고민하고 판단한 결과가 옳다고만 믿는 당신에게 이런 말을 하고 싶다.

'당신의 인생에서 당신의 판단과 생각대로 이루어진 것이 과연 얼마나 되는가?'

그렇다. 우리는 끝까지 노력하지 않고 중간에 포기하거나 시작조차 하지 않았기에 꿈을 이루지 못한 것이다.

펜실베이니아대학교 심리학과 앤절라 더크워스Angela Duckworth) 교수는 그것을 GRIT(Growth, Resilience, Intrinsic Motivation, Tenacity)이라고 하며 새로운 패러다임을 제시했다.

다시 한 번 말 하고자 한다.

나이 듦이란 결국 이제 자신의 꿈을 향해 한 걸음 더 가까워질 수 있는 준비가 된 것이라고.

간절히 바라고 실천한다는 것은 나이 듦의 경험을 해보지 못한 사람들에게는 어려운 일이 될 것이다. 나이 듦이란 얼마의 나이가 된 것이 아니라 자신의 삶에 대한 책임 있는 행동을 이해하는 것이다.

나의 나이 듦은 이제 남은 인생을 시대의 중간자로, 그리고 글쟁이로 살아가고자 하는 갈망이다.

당신의 나이 듦은 무엇인가?

(2017. 3. 26.)

사진_ 문상훈

죽음과 삶의 가치

지난 3월 초 〈뉴욕타임스〉에 실린 칼럼 한 편이 미국인의 가슴을 울렸다.

이 칼럼의 주인공은 난소암 판정을 받은 에이미 크루즈 로젠탈(Amy Krouse Rosenthal) 작가였다. 그녀는 자신의 남편과 새로 사랑에 빠져 행복한 삶을 살아줄 여인을 구한다는 내용의 칼럼을 썼다. 얼마 남지 않은 자신의 생명을 알게 된 로젠탈은 남겨진 남편을 위해 칼럼을 쓴 것이다.

이렇듯 인간의 삶은 유한하다. 하지만 인간의 욕망은 끊임없이 수명을 연장시키고 있다. 그렇더라도 인간은 결국 어느 날 죽음을 맞이해야 하는 존재다. 우리는 삶을 살아가는 동안 잘 사는 법에 대해서만 고민하고 학습한다. 사실 죽음은 인간에게 공포 그 자체이기에 떠올리는 것조차 금기시한다.

많은 호스피스 전문가들이 삶의 가치에 대한 책과 연구를 발표했다. 그리고 의미 있는 삶의 가치와 인간의 존엄에 걸맞은 죽음에 대해 이야기했다.

나는 삶의 가치보다 준비된 죽음을 이야기하고자 한다. 앞에서 잠시 언급했듯이 우리는 잘 사는 법만 배웠지 죽음을 준비하는 것은 배우지 않은 채 살아간다. 우리는 죽음을 통해 곁에 있는 사람들의 소중함과 감사함을 깨닫는다. 사실 남겨진 사람들의 상실감은 말로 표현하기조차 어렵다. 그것은 경험하지 않으면 도저히 알 수 없는 상처다. 때로는 사랑하는 사람의 죽음으로 외상 후 스트레스 장애에 시달리기도 하고, 자신의 삶마저 포기하는 경우도 종종 있다. 이렇듯 준비되지 않은 죽음은 남겨진 자들에게 큰 고통과 상처를 주는 것이다.

인간의 생명은 유한하고 인간은 결국 죽음의 순간을 맞이할 수밖에 없다는 사실을 누구나 알고 있지만 그 누구도 자신의 죽음을 준비하지는 않는다. 이 글을 쓰고 있는 나 역시도 마찬가지다.

말하고 싶다. 잘 사는 것만큼 죽음의 순간을 고민해 보라고 말이다. 무엇이 그리고 어떤 것이 남겨진 자를 위해서 할 수 있는 행동인지 나는 말할 수 없다. 그것은 개인마다 처해 있는 상황이 다 다르고 가치의 기준 또한 다르기 때문이다. 하지만 나는 자신의 죽음에 대한 진지한 고민과 남겨진 사람을 위한 배려는 꼭 필요하다고 생각한다.

우리는 그 누구도 자신의 죽음을 알 수 없는 존재다. 그러므로 지금 이 순간을 한번 심각하게 고민해보고, 남겨진 사람들을 어떻게 배려할 것인지를 생각해볼 필요가 있는 것이다.

당신이 남겨진 자들을 사랑하는 만큼 말이다.

(2017. 4. 5)

사진_ 문상훈

은퇴 후의 행복한 삶
-취미와 친구가 필요하다

2016년 마지막 날 창원의 한 컨벤션센터에서는 국민가수 이선희 콘서트가 있었다. 내가 놀란 것은 관객의 연령대 때문이다. 얼핏 봐도 어머니나 이모세대인 50~60대가 주류였다.

인간은 누구나 나이를 먹으며 젊어지고 싶어 하고 수명연장의 욕구를 가진다. 하지만 나이를 탓하며 움직이지 않은 채 자신을 가두어둔다면, 결국 아프지 않은 몸에 이상 신호가 찾아올 것이다. 우리가 젊고 행복하게 살고자 한다면, 비록 젊은 세대만큼은 아닐지언정 적절한 활동이 필요하다.

은퇴 후 그동안 삶에 대한 보상으로 아무것도 하지 않고 쉼을 이어간다면, 결국 쉼은 건강을 해치는 시간이 될 것이다. 우리는 주변에서 은퇴 후 급격히 쇠약해지는 분들을 종종 볼 수 있다. 저의 아버지도 은퇴 후 1년 동안 걱정스러울 정도로 쇠약해지는 것을 경험했다. 하지만 소일거리를 찾은 후 놀라울 정도로 기력을 회복하셨고, 지금도 여전히 자신만의 일을 하고 계신다.

모든 은퇴자에게 자신만의 일을 가지라고 권유하지는 않는다. 하지만 일이 아니라도 사회활동에는 참여하여야 한다고 이야기하고 싶다. 인간은 누구나 집단에 소속되고 싶어 하는 기본적인 욕구를 가지고 있고, 그 집단 속에서 심리적 안정감을 가질 수 있기 때문이다.

또 심리학에는 정서적 문제가 신체증상으로 나타나는 것을 의미하는 신체화(somatization)라는 개념이 있다. 신체적으로 문제가 없는 사람들이 몸이 아프다고 생각하는데, 사실은 몸이 아픈 것이 아니라 마음이 아픈 것이다.

은퇴 후 자신만의 시간 속에서 자신의 삶을 후회하고, 주변 지인과 관계의 단절이 주는 상처 속에서 많은 은퇴자가 우울감과 부정적 정서에 빠지는 것을 종종 볼 수 있다. 그것이 결국은 마음의 병이 신체의 병으로 이어지는 것이다. 은퇴 후 행복한 삶을 원한다면, 자신만의 취미와 자신만의 일, 그리고 친구 한 사람을 만들어두어라. 그것들이 은퇴 후의 행복을 가져다줄 것이다.

(〈경남도민일보〉 2017. 2. 20.)

나는 행복하다
-행복은 나의 기준일 뿐이다

나는 행복하다.

나는 행복하다.

나는 행복하다.

이렇게 매일 세 번 스스로에게 말해보라.

진정 행복함을 느끼게 될 것이다.

나는 행복하다 ….

(2017. 2. 23.)

글쟁이로 산다는 것은
-글은 나를 알아가고 나를 치유하는 수단이다

작년 이맘때쯤 지역의 한 신문사에서 원고 청탁이 처음 들어왔다.

심리학 전공자인 나는 전문분야에 대한 전문성 있는 글을 써야 한다는 의무감과 중압감에 시달렸다. 1년이 지난 지금은 전공분야인 심리학보다는 우리의 삶과 사회현상에 대한 칼럼에 집중하고 있다.

지난해 신문에 게재된 칼럼은 15편 남짓이다. 그리고 번역서와 저서, 논문, 잡지 등에 실린 글까지 한다면 대략 150편 정도인 듯하다.

누군가에게 지식을 전달하고 그들을 설득해야만 하는 글을 쓴다는 것은 결코 쉬운 일은 아니다. 더군다나 나는 지금 회사원이다. 토막토막 순간의 시간을 이용해 아이템을 만들고 때로는 누군가에게 글의 주제를 묻기도 하면서 글을 쓰고 있는 것이다. 이렇듯 빠듯한 일상에서도 글쓰기를 놓지 못하는 이유는 아마도 글을 쓴다는 것이 나를 알아가고 나를 치유하는 과정인 듯하다.

그렇다. 우리가 삶을 살아가며 스트레스에 노출되지 않고 살 수는 없다. 나는 글쓰기를 통해서 자기치유를 하고 있는 것이다.

오늘은 이 글을 읽는 모든 분들께 글쓰기를 권하려 한다.

글 쓴다는 것이 어렵다면 일기부터 시작해라. 일상의 이야기를 끼적거리다보면 어느덧 글쓰기 실력이 놀라울 정도로 발전할 것이다. 결국 글쓰기란 많이 쓰고 많이 읽는 사람이 잘 쓰게 되어 있다. 오늘 당장 당신만의 일기를 써보길 권한다.

(2017. 3. 1.)

인간은 추억을 먹고 산다
-시련의 순간 좌절하지 마라, 그것이 인생이다

인간은 추억을 먹고 살아간다.

흔히들 인간의 사회성은 외로움에서 비롯된다고 한다.

인간의 외로움은 가족이라는 시스템과 혈연관계, 친구, 연인 등 다양한 관계를 만들어냈다.

그리고 인간은 그 관계에서 오는 추억을 간직한 채 살아가며, 지난날의 회상으로 행복을 느낀다.

물론 생각하는 것조차 싫은 일도 있지만 대부분 오랜 시간이 흐른 뒤 '아 그땐 그랬지'라고 생각하곤 피식 웃게 된다.

이렇듯 인간은 관계에서 오는 추억으로 살아가는 것이다.

지금 이 순간 힘들다 하여 좌절하지 마라.

시간이 흐른 뒤 우리는 지금을 웃으며 이야기할 것이다.

(2017. 2. 14.)

사진_ 조재성

욕망 산행

-산은 언제나 노력만큼 자신을 허락한다

칼 같은 바람이 불어온다.
살을 베는 듯한 이 바람이 좋다.
언제나 그러하듯이 산은 쉽게 자신을 허락하지 않는다.
언제나 그러하듯이 산은 정직한 결과를 준다.
노력한 만큼만 오를 수 있다는 것.
그것이 산이다.

오늘도 이 산에 마음의 짐을 내려놓는다.
산 아래에서 가져온 삐뚤어진 욕망의 덩어리들.
산 아래 사람들은 그것을 성공이라 말하고,
때로는 부와 명예라고 말한다.

비운 만큼 채워진다.

하지만 비우는 법을 몰라 산을 오른다.

그것이 지금은 최선의 방법임으로.

(2014. 2.)

워킹맘은 슈퍼우먼이 아니다

–워킹맘들이여 엄마 신드롬에서 벗어나라

가끔 부모교육 특강을 나간다. 보통 전업주부보다 일하는 엄마들을 대상으로 하는 경우가 많다. 사실 시대가 변하고 여성의 사회진출이 보편화되어 있는 지금은 오히려 전업주부를 찾는 일이 쉽지 않을 정도다.

직업은 자아실현의 도구이자 생계의 도구로서 인간에게는 꼭 필요하다. 그래서 프로이트도 행복한 삶을 위한 필요조건으로 '일'과 '사랑'이라며 두 가지를 들었다. 하지만 현재의 양육 현실에서 워킹맘들은 종종 자신의 능력과 한계를 인정하지 않은 채 모든 것을 스스로 해결하려고 했다. 그래서 나는 이런 말을 한다.

"엄마는 슈퍼우먼이 아니다."

자신의 한계를 인정하고 적극적으로 주변의 도움을 청하고 그것도 힘들면 남편을 훈련시켜야만 한다. 일과 가정에서 모든 것을 완벽하게 처리한다는 것은 사실 불가능하다.

엄마도 인간이다. 주 양육자인 엄마가 힘겨워하며 하루하루를 보내는데 엄마의 보호를 받는 아이가 행복하게 성장할 수 있을까? 엄마 스스로가 행복하기 위해서 혼자만의 시간과 리프레쉬 타임이 필요하지만 엄마들은 먼 나라의 이야기라고 한다. 하지만 그것은 엄마들의 미련 때문이다. 뻔뻔하게 주변의 도움을 받으며 아이를 양육하는 것은 엄마와 아이에게 더 건강하고 행복한 삶을 만들어준다. 아빠나 할머니가 아이를 며칠 돌본다고 해서 아이가 급격히 변하거나 불행해지지 않는다. 오히려 아빠나 할머니와의 관계 개선에 도움이 될 것이다.

나는 매년 아들과 단둘이서 여행을 간다. 아들과의 추억을 만들기 위해서 하는 것인 동시에 아이 엄마에게는 휴가를 주는 것이다. 그 시간 동안 그간 만나지 못한 친구와 저녁약속도 잡고, 영화도 보고, 늦잠도 잔다고 한다.

일상 속에서 충분한 휴식을 가진 아이 엄마는 적어도 며칠간은 나에게 상냥해진다. 이렇듯 엄마가 여가나 휴식을 가지지 못한다면 뻔뻔하게 아빠를 이용하라. 아이와 둘만의 추억을 만들고 관계 개선을 하라는 명분을 통해서 말이다.

자신의 한계를 인정하고 주변에 적극적 도움을 청하며 아빠를 양육에 참여시킬 때 비로소 당신은 엄마가 아니라 한 사람의 여성으로서 당신의 삶을 가질 수 있을 것이다.

워킹맘들에게 말하고 싶다.

"당신은 누구의 아내나 엄마이기 전에 한 사람의 여성이다. 당신이 여성으로 행복하지 못한다면 당신의 아이도 결코 행복할 수 없다. 그러므로 무엇보다도 당신의 행복을 찾아라!"

(2017. 3. 3.)

〈필자의 번역서 표지〉

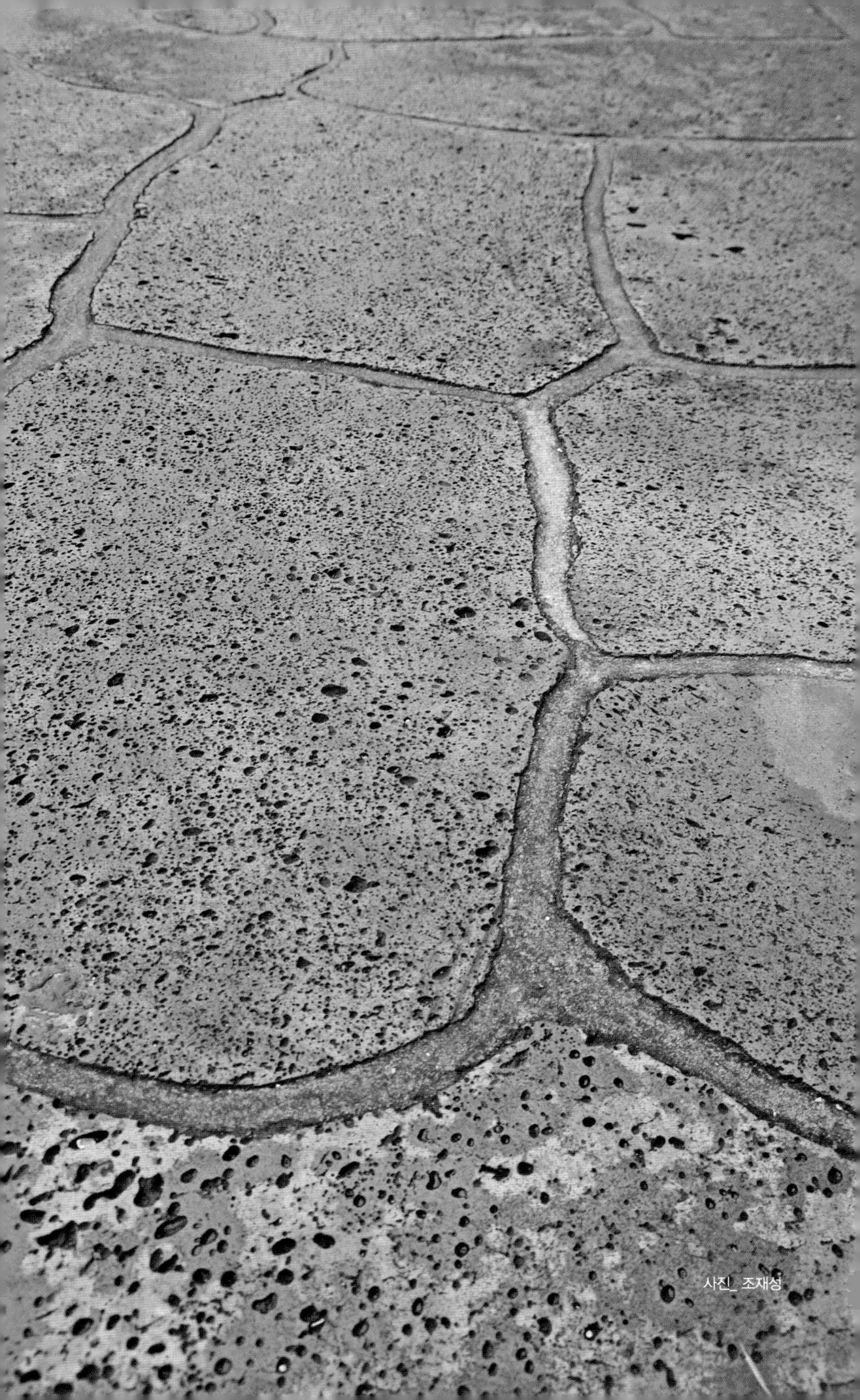

사진_ 조재성

아빠는 힘들다

-돈 버는 기계로 전락하는 우리 시대의 아빠

2012년 〈가족치료학회지〉에 실렸던 논문 한 편을 보다 문뜩 우리는 과도기 사회에서 살고 있음을 다시금 느낀다.

이 연구는 미국의 가족치료학자이며 경험적 가족치료 이론의 창시자 버지니아 사티어(Virginia Satir)의 변형체계치료 모델의 일치성이 부부 친밀감에 미치는 영향을 규명하는데 그 목적이 있으며, 연구결과 남성의 경우 주관적 경제수준이 높은 사람, 여성의 경우 대졸 이상의 교육수준과 40대 이상의 연령층에서 친밀감이 높은 것으로 나타난다고 한다.

언젠가부터 남성의 경제수준이 가족과 개인의 행복에 미치는 영향이 커져간다는 연구결과가 증가하고 있다. 나 또한 이 이론에 동의하고 좀 더 진보적인 주장을 하고 있지만, 이것이

사진_ 조재성

객관적 연구로 검증될 때마다 양가감정이 생긴다. 개인의 행복이 경제적 여건으로부터 독립하기 위해서는 제도적 장치가 마련되어야 하는데, 그것은 포괄적 복지정책과 맞물리면서 세금이라는 자원과 다시 충돌하는 것이다. 이것은 대규모 증세를 의미하기에 사실상 서민의 저항에 맞부딪칠 것이다. 결국 국가의 개입은 현실적 대안이 되기에는 다소 무리가 있다는 말이다. 이 시대를 살아가는 아버지들의 슬픈 현실이다.

나는 아침 일찍 출근해 저녁 늦게 퇴근을 하면 잠들어 있는 아들의 얼굴만 보게 된다. 그리곤 주말이나 휴일에 지친 몸을 쉬게 하느라 조금 늦잠이라도 자면 아들과의 스케줄은 엉망이 되기 일쑤다. 아들의 사교육비를 벌기 위해 조금이라도 더 일하는 것은 사실 아이의 행복을 위한 것이다. 그런데 우리는 그 행복을 지금이 아니라 미래에서 찾으려 하고 있는 것이다. 알프레드 아들러는 '지금－현재－여기'를 주장하며 현재 행복하지 않다면 미래도 결코 행복할 수 없다고 말했다.

여러분께 말하고 싶다.

내 아들의 미래를 위해 투자하지 말고 아들의 현재를 행복하게 해주라고. 어린 시절 아빠와 함께 행복한 경험을 한 아이는 자라서도 행복한 삶을 살 것이다. 행복이란 결국 주관적이기 때문에 행복한 경험을 해본 사람만이 더 큰 행복을 느낄 수 있는 것이다. 이제라도 한 시간만 일찍 퇴근해 하루에 한 시간씩 당신의 아들과 대화하라.

(2017. 3. 2.)

첫사랑
-그 시절 그 순간이 그리운 것은 아닐까

시원한 콜라가 간절히 생각나는 밤이다.

편의점에 들러 콜라 한 캔을 집어들고 나왔다.

뽀얀 피부의 앳된 얼굴에 화장기가 없어도 예쁜 소녀가 그

녀의 남자친구와 함께 편의점 테이블에서 무엇이 그리도 좋은지 연이어 미소 짓는다.

언제였을까? 대략 23년 전쯤이었나?

나에게도 저런 시절이 있었지 하며 발걸음을 옮기는 순간 어린 시절 첫사랑이 기억난다.

남자의 가슴에는 영원하다는 그 첫사랑 ….

몇 년 전쯤 우연히 나의 첫사랑을 보게 되었을 때 실망했다.

그런가보다, 첫사랑이란 어쩌면 그 순간의 그녀가 그리운 것이 아니라 그 시절의 그 순간이 그리운 것인지도 모르겠다.

(2017. 2. 15.)

눈 내리는 겨울밭

아무도 걷지 않은 이 길을

나는 홀로 걸어가리

차디찬 눈바람 휘날리는 이 길을

나는 걸어가리

世人들이 뭐라하든

나는 이 田雪을 묵묵히 걸어가리

白雪이 가득 찬 이 밭에 나의 발자국 따라올 이 있다면, 나는 그에게 길을 만들어 준 것이니 그것으로 족하다.

사람들아 너희가 가지 않는다 하여

그것이 길이 아니더냐?

자연은 결코 시간과 계절의 경계를 두지 않는데 너희가 만든 편견에 나는 갇혀 있지 않으리

눈 내린 이 밭을 나는 묵묵히 걸어가리

(〈푸른문학〉 2017. 봄)

사진_ 문상훈

나도 부모님의 아들이다

―삶에 쫓겨 잊고 있었던 부모님의 아들

감사합니다 … 부모님!

나는 잊고 있었다.

내가 부모님의 소중한 아들임을 ….

결혼을 하고, 내 아이를 낳고 …

오직 내 아들만 생각하고 살아가고 있는 내게 한 장의 사진이 나 또한 내 부모님의 아들임을 깨닫게 해준다.

늦은 시간이지만 어머니 아버지께 전화를 해보련다.

그리고 나는 말할 것이다.

"아버지 어머니 사랑합니다!"

(2017. 3. 13.)

변하지 않는 사랑
－Nothings Gonna Change My Love For You

요 며칠 사이 올드팝 한 곡에 빠져 있다.
고교 시절 처음 접한 조지 벤슨(George Benson)의
'Nothings Gonna Change My Love For You'라는 곡이다.

If I had to live my life without you near me
The days would all be empty
The nights would seem so long
With you I see forever, oh, so clearly
I might have been in love before
But it never felt this strong

Our dreams are young and we both know

They'll take us where we want to go
Hold me now, touch me now
I don't want to live without you

Nothing's gonna change my love for you
You oughta know by now how much I love you
One thing you can be sure of
I'll never ask for more than your love

Nothing's gonna change my love for you
You oughta know by now how much I love you
The world may change my whole life through
But nothing's gonna change my love for you

If the road ahead is not so easy
Our love will lead the way for us
Like a guiding star
I'll be there for you if you should need me
You don't have to change a thing
I love you just the way you are

So come with me and share the view
I'll help you see forever too

Hold me now, touch me now
I don't want to live without you

Nothing's gonna change my love for you
You oughta know by now how much I love you
One thing you can be sure of
I'll never ask for more than your love

Nothing's gonna change my love for you
You oughta know by now how much I love you
The world may change my whole life through
But nothing's gonna change my love for

Nothing's gonna change my love for you
You oughta know by now how much I love you
One thing you can be sure of
I'll never ask for more than your love

Nothing's gonna change my love for you
You oughta know by now how much I love you
The world may change my whole life through
But nothing's gonna change my love for

Nothing's gonna change my love for you
You oughta know by now how much I love you
One thing you can be sure of
I'll never ask for more than your love

Nothing's gonna change my love for you
You oughta know by now how much I love you
The world may change my whole life through
But nothing's gonna change my love for
Nothing's gonna change my love for you.

참 감미롭다는 생각밖에 들지 않는다.

인간의 사랑은 변하지 않는다.

다만 사랑을 하는 사람의 마음이 변할 뿐이다.

나는 반성하고 깊은 사색에 빠진다.

변하지 않는 사랑을 우리 모두가 한번쯤은 꿈꾸고 믿지 않았을까.

그런 점에서 나는 결코 성공한 삶을 살지는 못한 것 같다.

이제는 세상의 풍파에 찌들어 사랑의 가치마저 의심하는 나이가 되었기에 이 곡이 주는 메시지에 나 자신을 돌아본다.

변하지 않는 사랑, 다시 한 번 꿈꾸기를 바랄 뿐이다.

(2017. 3. 22.)

사진_ 문상훈

24년 만의 헤어짐

눈물이 날 거 같다.

손이 떨린다. 글을 쓸 수가 없다.

정신을 차릴 수 없을 만큼 그립다.

그렇지만 나는 알고 있다.

이것이 마지막이란 것을.

슬픈 순간도, 행복했던 순간도 함께한

지난 이십사 년간의 시간이 이렇게 허무해지는 지금.

내가 너를 보내려 결심한 지난 일주일.

그 일주일은 내 생에 그 어떤 순간보다 길다.

너를 보내고 새로운 삶을 살 수 있다 믿기에

일방적으로 떠나보내는 나를 욕하여도 좋다.

네가 아닌 다른 선택을 한 날 원망해도 좋다.

이젠 우리 이번 생에선 다시 만나지 말자.

나를 위해서 말이다.

열여덟 고교시절 친구와 함께 널 처음 만나

마흔이 넘어 중년이 된 지금에야 널 보낸다.

부디 나를 위해 떠나가라.

잘 가라 내 소중했던 추억아…!

정신분석학적 관점에서 볼 때 이상행동이나 문제행동은 과거에 갈등이 불만족스럽거나 해결에 실패한 것을 의미한다. 흡연 역시 무의식적 갈등의 상징이다. 쉽게 말해, 담배 피우기는 어린아이로 있고 싶은 욕구와 독립적인 성인이 되고 싶은 욕구 사이의 갈등일 수 있다. 따라서 담배연기를 빨아들이는 것은 어린아이가 젖병을 빠는 상징일 수도 있다.

오늘이 금연 7일째다.

(2017. 3. 30.)

※ 한덕웅 외, 《인간의 마음과 행동》(2001) 참조.

이혼은 실패가 아니라 자신의 행복을 위한 선택이다

–좋은 판결보다 나쁜 조정이 더 낫다

가사조정은 가사소송법의 규정에 근거하여 실시된다. 보통 가사소송법 제2조 1항의 나류, 다류 가사소송사건과 마류 가사비송사건이다. 좀 더 쉽게 이야기하면 혼인과 관련된 소송이 주류다.

그리고 가사소송법 제50조에 근거해 이들 사건은 반드시 조정을 거친 후 그 결과에 따라 소송으로 이어진다. 이것을 조정전치주의라고 한다. 가사조정위원의 구성은 가정법원장 또는 가정법원 지원장이 학식과 덕망이 있는 사람 중에서 위촉한 자로 2인 이상이 사건을 처리한다.

나는 창원지방법원의 가사조정위원이다.

지난해 이혼 관련 사건에 참여하여 조정을 했다. 조정에 참석해 쌍방의 주장을 모두 듣고 합의를 도출하는 과정을 지켜본 결과 대부분의 가사사건은 자기중심적 생각, 그리고 돈과 관련된 욕망으로 시작되었다. 물론 욕망이나 자기중심적 사고가 없었다면 아마 법원을 찾기 전에 원만하게 해결됐겠지만, 꼭 법원을 찾아 서로 상처를 주고 시간을 허비하며 비용을 발생시킬 필요가 있을까 하는 사건도 있었다.

지난해 조정위원 세미나에서 한 판사님의 강연 중 감동적인 말이 있었다.

"아무리 나쁜 조정도 최선의 판결보다 낫다."

판결은 두 사람의 합의가 아니라 국가의 강제력으로 일방 혹은 쌍방의 권리를 법에 의해 제한하는 행위다. 그에 비해 조정은 당사자 간의 이해와 배려, 그리고 양보를 통해 합의를 도출하는 과정이고 그 합의의 중재이고 결정이다.

소송은 많은 사회적 비용을 초래하고, 당사자 간의 상처를 전제로 하는 일종의 공식적인 다툼이다. 다툼의 결과에 따라 한쪽은 큰 상처를 받을 수도 있고 이익을 챙길 수도 있다. 하지만 그 과정에서 상처뿐인 승리도 종종 발생한다.

사실 이혼소송을 경험한 많은 사람들이 소송 후 서로에게 준 상처로 인해 만신창이가 되는 것을 지켜봐온 입장에서 이런 조언을 하고 싶다. 상대방과 합의가 되지 않아 소송으로 간다면, 소송 전 반드시 가사조정을 받을 것이다. 그때 서로의 입장을 잘 정리하여 법률대리인(흔히 변호사)을 통해 조정에 임하라. 당사자들이 조정에 참석해 서로의 감정을 소모하기보다는 법률대리인을 통해 마지노선을 정하고, 상대방과의 협상을 통해 원만하게 해결하라.

소송을 통해 만신창이가 되어버린 당신이나 상대 모두는 아이의 엄마이자 아빠다. 이혼을 통해 혼인이 해소되더라도 아이의 엄마이고 아빠라는 사실은 절대 사라지지 않는다. 지금은 서로의 격한 감정으로 서로에게 상처를 주지만, 언젠가 당신 아이의 결혼식장에서든 다른 이유에서든 다시 만날 수 있기 때문이다. 이것이 바로 결혼만큼 이혼도 잘해야 하는 이유다.

이혼을 인생의 실패라고 생각하는 사람들에게 이런 말을 하고 싶다.

우리나라는 OECD 국가 중 이혼율이 높은 나라 중 하나이고 아시아에서는 이혼율이 가장 높은 나라다. 그러므로 자신의 인생이 실패했다고 생각하지 마라. 가족상담학적 입장에서 이혼은 자신의 행복을 위해서는 필요한 것이다. 이것은 자녀에게도 영향을 준다. 부모가 행복하지 않으면, 그 자녀도 그 불행을 보며 자란다. 그런 환경에서 자라는 자녀는 행복보다는 불행의 감정을 더 많이 경험한다. 아이는 부모의 거울이기에 말이다.

그리고 이혼 후 스스로 행복해지는 법을 고민하고, 그것이 자신의 새로운 삶을 위한 출발임을 기억하면서 자녀와 함께 논의하고 미래의 불확실성을 조금씩 제거해 나가는 것이 필요하다.

이혼은 실패가 아니라 새로운 시작이다. 이혼은 불행이 아니라 자신의 행복을 위한 선택임을 꼭 기억하길 바란다.

(2017. 4. 3)

금기된 권리 노년의 성(性)

2002년 개봉된 박진표 감독의 영화 〈죽어도 좋아〉는 금기시되고 있던 노년층의 성 문제를 사회적으로 공론화시킨 당시로서는 나름대로 의미 있고 조금은 파격적인 주제의 영화였다.

14년이 지난 2016년 10월 경기도 남양주에서는 경기도와 남양주시의 공동 주최로 '당당한 노년, 노인 성(性) 문화 축제'가 개최되었다. 사실 아직까지도 우리 사회는 노년층의 성을 전혀 고려하지 않는다. 100세 시대를 살아가는 지금 우리 주위에는 많은 노인들이 건강한 성생활을 영위하고 있다. 그런데도 우리는 그들의 성적 자기결정권을 무시하고, 노인이 가지고 있는 기본적인 성욕구조차 인정하려 하지 않는다.

2016년 12월 17일자 〈스포츠조선〉에 따르면, 보건복지부가 전국 65세 이상 남녀 노인 500명을 대상으로 성생활을 조사

하였는데 66.2퍼센트의 노인이 성생활을 한다고 답변했으며, 66~70세 노년층의 62퍼센트가 월 1회 부부관계를 가진다는 결과가 나타났다고 한다. 그런데도 우리 사회는 청소년의 성문제에 비해 노년층의 성문제에 대해서는 매우 인색하다.

나이를 먹어 늙는다 해서 성욕구가 사라지는 것은 아니다. 단지 줄어들 뿐이다. 그리고 정기적인 성생활은 인간의 수명 연장과도 관계가 있다고 하는 일부의 주장도 있다. 물론 아직 인과관계가 명확하게 밝혀지지는 않았지만, 건강한 성생활이 장수의 비결이라는 사실에 대해서는 전적으로 동의한다.

프로이트를 비롯한 많은 심리학자들이 인간의 욕망은 성욕에서 비롯된다고 했다. 물론 성욕의 지배를 받고 인간의 행동을 통제할 수 없는 것은 아니다. 하지만 성욕은 분명한 인간의 본능이다.

100세 시대를 살아가는 지금, 새로운 시각이 필요하다.

신은 인간에게 성(性)을 사랑의 표현과 종족번식의 수단으로 주었지만, 인간은 그것을 쾌락의 도구로도 사용한다. 그러하기에 인간은, 성(性)을 통제하기 위하여 결혼을 비롯한 여러 가지 제도를 사용한다. 하지만, 노년층의 성은 제도의 통제와 더불어 사회적 시선으로부터 한 번 더 통제 되고 있는 것이다.

노년의 성, 이제 노년층의 성적 자기결정권에 대한 새로운 시각이 필요하다.

인간존엄과 자기결정성, 그리고 삶의 마지막 순간에 가까워짐을 생각할 때 노년층은 자신의 삶을 자신의 의지대로 결정하고 살아갈 수 있어야 한다.

그리고 우리는 그것을 수용하고, 언젠가 나의 문제가 될 수 있음을 이해하여야 할 것이다.

(2017. 4. 12)

칼럼쟁이 박정훈의

불평등 코리아

2017년 4월 25일 1판 1쇄 인쇄
2017년 4월 30일 1판 1쇄 발행

지은이 박정훈
펴낸이 조재성
펴낸곳 서현사

등록 2002년 8월 14일 제03-01392호
주소 경기도 고양시 일산동구 중앙로 1055번지 레이크하임 206호
전화 031-919-6643
팩스 031-912-6643

ISBN 978-89-94044-93-4 03070
정가 15,000원